スピリチュアル系の
トリセツ

辛酸なめ子

平凡社

スピリチュアル系のトリセツ

はじめに

今は地球の価値観が変化している時で、占星術でも魚座の時代から水瓶座の時代に移行していると言われています。かつての地位や名誉、財産、家や不動産といった目に見えるものに重きをおくという価値観は古いものになっていくそうです。

かわりに目に見えないものだったり情報が重視される世の中になるので、エネルギーや波動など、スピリチュアル的な要素は無視できなくなっていくことでしょう。でも過渡期においてスピリチュアルなものに抵抗を示したり揶揄《やゆ》する人はまだまだ多くて、それは価値観が変化することへの恐れが根底にあるのかもしれません。

スピリチュアルな世界に関わっていると、「そっち系?」とか言われたり、過剰に警戒されたりします。スピリチュアルには生きづらさもありますが、一歩その荒波の海に潜ってみると、海の中は竜宮城のように楽しくて、豊穣の世界でした。生きづらさを超えて一歩中に入ると、そこには生きやすくなるツールやスキルがあふれていたのです。疲れた時は地球や天然石に助けを求めたり、瞑想で心を持ちなおしたり、過去生に思いを馳せたり、チャネリングで楽しく現実逃避したり……。玉石混淆の世界なので、あれ？　と思うこともたまにはあります。でもそれも含めて話のネタになったりするので、人生にはムダなことはないと信じています。

この本では、実体験を交えて、スピリチュアルな世界で見聞きしたことを書かせていただきました。スピリチュアルにちょっと苦手意識がある方のために、各ジャンルの人と仲良くなる方法なども書き添えています。よろしければご活用いただけましたら幸いです。

令和の令は神様のお告げという意味という説があります。まさに令和はスピリチュアルな時代になっていくことを予感しています。

目次

スピ度レベル1 ★☆☆☆

スピ度レベル2 ★★☆☆

本書は、平凡社ウェブマガジン「ウェブ平凡」2017年4月〜2019年4月に連載された「スピリチュアル系図鑑」に、書き下ろし原稿を加えてまとめたものです。

掲載の情報は連載時のものです。

第1章
スピリチュアル系とは何か?

何これ……人魂?
子ども時代、暗い部屋で目を
開けると光が飛び交っている
ことがたまにあり…… 残像だと
自分に言い聞かせていました

スピリチュアル系、という言葉が使われるずっと前から、目に見えない世界のことが好きでした。でも、20年以上前はそういう話をすると「不思議系だね」と雑にカテゴライズされて、違和感を覚えていました。その言葉にはどこか見下しているような響きがありました。**なぜか、スピリチュアル好きだと生きにくさがつきまといます。**現代の魔女狩りに近いものを感じることもあります。

自分のことではないですが、何かやらかした芸能人が実はパワーストーンやオーラソーマ[*1]をたしなんでいたりすると、週刊誌などでやたら怪しいと書き立てる風潮が哀しいです。スピリチュアルでも宗教でも何か心のよりどころにするのは個人の自由なのに……。スピリチュアルはバカにしていいみたいな空気を感じるたび、八百万の神を信じていた日本人の心はどこにいってしまったのかと思います。

ニューエイジ文化の発祥地であるアメリカでも、このところスピリチュアル系には逆風が吹いていて、スピリチュアル系の有名人がキリスト教に改宗し、ニューエイジはカルトだとか悪魔崇拝だと批判するようになっている現状が。そうやって批判する人にも一抹の違和感が漂います。

＊1 **【オーラソーマ】**
1983年、ヴィッキー・ウォールという女性により提唱されたセラピー。色を通して人の心に秘められた感情、精神性を伝えるもので、イクイリブリアムボトルと呼ばれる約110本のボトルの中から選ばれた色により、その人の性質を見る。

何が正しいかは自分の直感に問いかけたいです。

日本において、70年代のこっくりさんブーム、80年代のおまじないブームを通過してきた、**今40歳前後の女性はスピリチュアルの素養があるように思います**。ただ、95年のオウム真理教事件以降は、スピリチュアル系の何かにハマっていると、露骨に怪しがられるという風潮になってしまいました。しかし05年頃に人気を博したテレビ番組「オーラの泉」効果で「オーラ」「前世」といったワードが徐々に市民権を得て、パワースポットブームも盛り上がり、男性向けには開運ネタが熱くなったり、スピリチュアルトークも少しずつできる雰囲気に。美人モデルや女優が、アロマテラピーやヨガ、引き寄せ[*2]の方法などを実践していると公言したりして、怪しさが薄い、おしゃれなスピリチュアルは受け入れられはじめています。とくに、ヨガインストラクターの資格を取って、見た目だけでなく精神的に高みを目指す元モデルや女優さんも多く、女子に憧れられる理想形になりつつあります。女子力を磨いた先に、スピリチュアル的な妖力や魔力の鍛錬があるのでしょうか。

女性誌を見ても占い特集は大人気で、占い系の広告がたくさん入って

＊2【引き寄せ】
自分の思考やあり方を変えることによって望んでいる現実を引き寄せようとする、成功法則の一種。米国の成功哲学者であるナポレオン・ヒルの著書『思考は現実化する』（1937年刊）から派生したとされ、「注意と意識とエネルギーを向けるものは、良いことであれ悪いことであれ現実なものとなる――」という考え方がベースとなっている。

います。**感覚的で直感を大切にする女性は目に見えない世界と親和性が高いのでしょう。**宗教では神に対して人間の無力さを痛感させられる反面、スピリチュアルでは人間の潜在的な力を引き出すところも、女性本能に訴えているのかもしれません。

スピリチュアル系女子を分類する

さて、そんなスピリチュアル系女子は、どんな風に分類されるのでしょう。細分化しているスピリチュアル系を、今まで自分が通ってきたものを中心に以下に挙げてみます。ライトな方からいきますと……。

・**占い系**　スピリチュアル系の入り口のひとつ。西洋占星術やタロット、人相術や四柱推命など女性誌に取り上げられるトピックから入り、霊視や前世に自然に移行する。

・**心霊系**　入門者のもうひとつの入り口。心霊写真やオカルト番組ブームで興味を持った人が、そのまま深みへ……。

・**パワースポット系**　神社や仏閣を回ってご朱印を集めたり、運気的に方角の良い場所に行ったり、波動の良い場所を探し求めるアクティブ派。

・**白魔女系**　ハーブやフラワーエッセンス、アロマテラピーやオーガニックコスメ、スーパーフードなどに詳しい、ライトなスピリチュアル系。美女率が高い。

・**ハワイ系**　「ハワイで人間力を上げる」という梨花《りんか》の発言もあるように、楽園的パワースポット、ハワイに憧れ、ハワイ伝承のヒーリングにハマる女性も多数。ホ・オポノポノ（セルフヒーリング法）や、ロミロミマッサージなど……。

・**前世系**　人生に行き詰まると、過去生のカルマのせいかもしれないと思い、解消するべく退行催眠やヒーリングを受ける。時々、前世が有名人や貴族と言われて現実逃避する人も……。

・**オーラ系**　「オーラの泉」で市民権を得たオーラという単語。オーラ測定マシーンもあり、手軽に調べられる。そこから一歩進むと、チャクラというエネルギーのセンターや、アストラル体の浄化に興味を持つように。

・**天使系**　迷ったときはエンジェルカード[*3]に答えを求めたり、気軽に天使に助けを求める。エンジェルセラピストに聞いた話では、駐車場をキープしてくれる「パーキングエンジェル」がいて、お願いすると良い場所を確保してくれるとか。天使をパシリみたいに使って良いのか素人的には心配（天使系のカリスマだったドリーン・バーチューが2017年にキリスト教に改宗してから、過去の仕事について否定するようになってしまいましたが……天使はいると思います）。

・**引き寄せ系**　100%ポジティブに幸せな未来を信じ、願望を紙に書いたり声に出して宣言することで、富や人間関係など欲しいものを手に入れるアグレッシブな人々。しかし1ミリでも疑念があると成就しない、という日本人には難しめな方法。

・**陰謀系**　スピリチュアル系女子が、ドリーミーな話題に飽きて、強い刺激を求めると陰謀論好きに。フリーメーソン[*4]、イルミナティ[*5]、人工地震[*6]ｅｔｃ……。私も数年前、陰謀論好きの友達と、オバマ大統領のクローンやフリーメーソンのシンボルだらけと言われるデンバー空港

＊3【エンジェルカード】占いの一種。天使からのメッセージを伝えるもので、その時の自分に必要な言葉が書かれており、読み解きが必要なタロットカードより初心者向き。

＊4【フリーメーソン】16世紀後半から17世紀初頭に生まれた友愛結社。全世界に600万人を超える会員がいるが、その活動の詳細は明らかになっておらず、「世界を裏で操っている」「地震を起こせる」「宇宙人と交信できる」などの説もある。

＊5【イルミナティ】18世紀後半、南ドイツとオーストリアに一時期存在した、政治色をともなう秘密結社。体制側から

の謎について、熱くトークしたことが。

・**アセンション系**　2012年から地球は徐々に次元[*7]が上昇していて、今後目覚めている人といない人で二極化する（そして自分達は上の世界に行ける）と信じている。

・**宇宙人系**　高次元の宇宙人からのメッセージに指針を見出したり、前世自分も宇宙人だったと思いを馳せる。シリウス、オリオン、プレアデス系や金星人など。光ってる恒星には住めないのでは？　という突っ込みは無粋。高次元の霊体ならたぶん存在できるはず……。

・**ライトワーカー系**　自分は地球人を救うために他の星から転生してきた崇高な魂、と信じる。被災地にイメージの中で光を送り、癒したりする。孤高で集団になじめないライトワーカーが多いとか。

・**笑い系**　笑って波動を高めるポジティブな人々。最近のスピリチュアルイベントには、トークで客を笑わせるタイプの芸達者な先生方が目に付きます。

・**悟り系**　ストイックに悟りを目指す一番難易度の高い道。身辺を整理し、心身を浄化し、ヨガや瞑想で波動を高めていく。遊びや娯楽、飲

の迫害により、1785年に解散を余儀なくされる。

＊6【人工地震】人工的に起こされる地震のこと。主に地中探査のために起こされるが大震災の際、時の政権などの陰謀によるものという言説が起こることがある。

＊7【次元】空間の広がりをあらわす一つの指標を次元と呼ぶが、スピリチュアル的に現在の3次元から高い次元に移行することを「アセンション」と呼び、そこに参加できる人類は選別されるという説もある。（→P209）

酒などをしなくなり、俗世間の人間関係も断捨離。輪廻を脱するのが最終形かもしれません。

といった分類が考えられます。時代によって次々と新しい流派が出てくるので、他にも枚挙に暇がありませんがこの辺で……。人類が二極化するように、**スピリチュアルもPOPとディープ(ソフトとハード?)に二極化していっているように感じます。**若い世代はライトに占いやアロマ、フラワーエッセンスをたしなみ、経済的に余裕がある中高年は、小娘には負けていられないとばかりにディープなセミナーを受けてダークサイドと戦うスキルを学んだり……。

以前、セドナ[*8]のヒーラー、クレッグ・ジュンジュラス氏に教えていただいた「少女は14歳で大人の女になり、大人の女は40歳でメディスン・ウーマン(人間本来の生き方を人々に取り戻す術を受け継いだ女性)になります」という言葉が心に残っています。女性の人生に新たな軸を与えられたようで、魂が震えました。スピリチュアルだと見下されても良い、今まで自分を救ってくれたのはスピリチュアルなのだから……と思いを新

*8【セドナ】
米国アリゾナ州の街。周囲を赤い岩にかこまれ、古代よりネイティブアメリカンが聖なる場所と崇めてきた場所であり、世界的なパワースポットとして知られる。

~スピリチュアル系女子の陰と陽~
●ハーブやアロマに詳しい白魔女系
フラワーエッセンスで彼氏ができたの！
ヨガマット
おでこのチャクラから光を放つ
肌がキレイでふつうにおしゃれ
天然石
●トラウマを漂わせる前世系
前世裏切られたから人間が怖い……
●全て巨大権力のせいにする陰謀系
目が暗い
どうせフリーメーソンが富を支配してるんでしょう
陰謀トークは異性を遠ざけるので要注意（実体験）

たにしました。今、スピリチュアルに興味を持つ人が増えているのだとしたら、その理由は、年金や地球環境など未来が不透明だったり、日本の国力が縮小していて不安感が漂っている、というのもありそうです。**国や政府に頼れないから、神様や仏様、天使やアセンテッドマスター[*9]など目に見えない存在に救いを求めたい**のかもしれません。

私とスピリチュアル

私の場合、スピリチュアルに興味を持ったのは、思い返せば子ども時代の霊体験がきっかけです。小学校の頃、夜中、子ども部屋で目を開けると、暗闇の中で色とりどりの人魂のような光が飛び交っているのが見えました。残像だと自分に言い聞かせたのですが、やはり怖かったです。ちょうど世の中で「あなたの知らない世界」などの心霊番組や心霊写真のブームが巻き起こり、自然とその世界に引き寄せられてゆきました。高校生の頃は、中沢新一やカルロス・カスタネダ[*10]の本、雑誌「ムー」にハマったりして、また別の角度からスピリチュアル度を深めていきまし

＊9【アセンテッドマスター】天界にいる、高尚な魂を持つ人々のこと。ブッダ・キリストなどが代表例で、地上での人生を終えた後、天上で人間を見守っている。時に地上に降り立ち、人類を導く役割をしている。

＊10【カルロス・カスタネダ】米国の作家・人類学者。UCLAで文化人類学を学び、インディアンの呪術師の下で修業をし、それらの体験や薬草による意識の変容体験などによる著作が、カウンターカルチャー、ニューエイジ運動などの大きな影響を与えた。1925―1998。

た。そしてオーラやパワースポットなどのスピリチュアル系ブームを経て、今に至ります。私の場合はこのようなささやかな芽生えだったのですが、スピリチュアルな友人知人、何人かにきっかけを聞いてみました。「中学の頃はビジネス書を読んでたのですが、そこから宗教哲学が好きになり、大学生になってスピリチュアルに目覚めました。宗教には答えがないと思って、スピリチュアルヒッピーになったような感じです」と、スピリチュアル系の通訳の仕事などもしている友人談。宗教の枠から外れた、より何でもありなスピリチュアルに興味を持ったそうです。

「それまで全然信じていなかったのに、バリのヒーラーに、霊能力があるから修行したほうが良いと言われたんです」と言っていたのは男性編集者さん。男性はスピリチュアルから距離を置きがちですが、**半信半疑な男性でも何かのきっかけでハマると、深く探求していく傾向にあるようです。**

「子どもの頃から女神を召喚して遊んだりしていました。美人になりたいと、月の女神に祈ったり」と、誰にも教えられていないのに特殊能力を発動させていたのはヒーラーの美女。それは多分前世から持ち越されたスキルなのかもしれません……。

有名な占い師のラマザン[*11]氏がスピリチュアルに目覚めたきっかけは、激しすぎました。一歳の頃、親戚の女性が発狂し、寝ていた彼の頭を薪で殴ってきて、脳天に木が突き刺さりました。医師のところに行き、頭に刺さった刺《とげ》を抜いてもらった瞬間、新しい魂が降臨し、特別なパワーを授かったそうです。ちょっと真似できない能力開発法です。宇宙人がウォーク・インする場合もありますが、肉体に別の高次の魂が宿って覚醒する、というパターンもあるようです。

自然にその道に導かれたり、過去生[*12]からの流れで開眼したり、苦難や試練を乗り越えてスピリチュアルなパワーを経たり、精神世界は人生いろいろです。誰もがいつかはたどり着く桃源郷なのかもしれません。

ここで、スピリチュアル度チェックを考えてみました。半分以上あれば、あなたも立派なスピリチュアル系です。一緒に地球でサバイバルしていきましょう……。

＊11【ラマザン】
トルコ出身の占い師。貧しい幼少時代を経て来日、現在、東京・高田馬場で占い店を開く。あらゆる事象を数字に置き換える数秘術、９つの黒曜石を使ったオリジナル占術法を行う。

＊12【過去生】
今の自分として生まれて来る前に生きていた、まったく別の人物の人生のこと。前世。

スピリチュアル度チェックリスト

- □ 体調が悪くなった時「浄化だから」と前向きに捉える
- □ 手相に神秘十字がある
- □ 目を見れば相手の人柄がなんとなくわかる
- □ 好きな人の現在の肩書きより過去生が気になる
- □ 波動が悪い場所には近付けない
- □ 猫が好き
- □ 迷ったらO-リングテスト*かダウジング*で決めがち
- □ 旅行先で必ずパワースポットを検索
- □ 空中を目をこらして見ると光の粒子が見える
- □ 容姿よりもオーラやエネルギーの美しさを重視

5つ以上当てはまる人は、
立派なスピリチュアル系！

＊O−リングテスト
指に力が入るかどうかの反応で自分に合っているかをチェックする方法。
＊ダウジング
ペンデュラムと言われる振り子を使って、自分が必要なものを知る方法。

第2章

スピリチュアルとコミュニケーション

スピリチュアルに懐疑的な男性に言われがちなセリフ。壺というワードになつかしさを感じます

「チャクラとか言ってると男にひかれるからやめたほうがいいよ！」

10年くらい前、知人男性にアドバイスされたのは今は昔。その男性と仕事で会った時に「今も変わらずチャクラとか言ってますが大丈夫でしょうか？」と聞いたら「もう、そういう人だって認識されてるからいいんじゃない」と投げやりに言われました。身近な男性にスピリチュアルの話題を持ちかけると、半笑いでスルーされることが多くて切ないです。男性だけではなく、友人関係も……。ブログに「UFOを見た」とか「イルカの守護霊が……」、とか書いていたら、立派に子育てしている友人たちと疎遠になっていった感が。でもいつか悩むことなどでてきてスピリチュアルな解決法が必要になったら、また向こうから連絡をくれるだろうと淡い期待を抱いています。肩が重いとか言われたら、いつでも塩やセージを送る準備はできています。もちろん大事なのはバランス感覚で、**スピリチュアルと現実、両方の世界を両立するのがベストです。**浮世離れしすぎるのも、合理主義に走りすぎるのも問題で、地に足が着いたスピリチュアルが理想です。

疑ってかかる人への対応

スピリチュアルな話題に対して警戒心を抱く人は多くて、「それはあやしい宗教じゃないですよね?」「壺とか売りつけられるんじゃないの?」などはよく言われるセリフです。「そんなことないですよ」と、穏便に答えるしかありません。最初やたら疑ってかかる人に限って何かのきっかけでスピリチュアルにハマるのではないかとも思っています。

いっぽう、**最初からスピ系はバカにしても良いという態度で来る人もいて、油断できません**。以前、ある取材を受けたら、ライターと編集者の方が2人ともスピリチュアル否定派で、アウェイ感の中、半笑いで「やっぱりパワーストーンとか持ってるんですか?」「風水は信じてますか?」などと聞かれて、まじめに答えると軽くバカにされる空気が漂いました。小学校時代のいじめられ体験がフラッシュバック。魂を鍛える試練だったのかもしれません。たしかに一部怪しいスピリチュアル系業界人はいますが、それで全てがにせもので怪しいと決めつけるのは早計です。

スピリチュアル系と結婚

最近も、遠い国の話ですが、ノルウェーのマッタ・ルイーセ王女が、サイキック[13]のシャーマン、デュレク・ベレットという男性と恋愛関係になり、問題になっていました。写真を見ると穏やかそうな黒人男性で2人は幸せそうですが、その浮世離れした職業に、保守的な人は抵抗を示してしまうのでしょう。

男女の関係でいうと、**波動高い系カップルを見かけると羨望の念を抱かずにはいられません**。例えばスピリチュアル系のミュージシャンの男性とダンサーの女性のカップルなどを2組くらい知っていますが、ソウルメイト感が半端なく、お互いコラボでパフォーマンスをしたりしていて憧れずにはいられません。きっと食生活も整っていて、ジャンクなものや俗っぽい文化とは無縁で、整理整頓された家に住んでいることでしょう。毎晩2人で寝る前にヨガをしたり、瞑想したり……そんな魂を高め合う夫婦生活。憧れますが私にとっては雲の上の世界です。

＊13【サイキック】霊能のある人。超能力者。

スピリチュアル離婚

以前、知り合いが離婚した元奥さんがスピリチュアル系で、ライフスタイルにとてもついていけず別れたという話をしていました。朝晩長く瞑想したり、その男性が好きなホラー系の映画を、波動が低いと観るのを禁じたり……（気持ちはわかります）。男性側がスピリチュアルで奥さんが去っていったパターンもあります。ストイックすぎるヨガライフが話題になった片岡鶴太郎氏は、「ヨガをやって、友達もカミさんもいなくなりました」と出版イベントで語ったそうで切ないです。ヨガ好き同士、スピ好き同士が一緒になれば平和かもしれませんが、瞑想の流派が違ったりすると逆にうまくいかなくなりそうで難しいです。

私自身は、相手がスピリチュアルを否定しないでくれればそれで良いと思っています。自分が信じていることを否定されるのは悲しいので……。そのかわりに、こちらも相手の趣味や嗜好を、波動がどうこうとジャッジせず、見守っていければと思っています。可能なら自分が波動を高めることで相手のジャンクな食習慣とか過度の飲酒とかが改善されていくことを祈りつつ……。

ソウルメイトの運命観

ところで先日、理想的なスピリチュアルカップルの話を聞く機会がありました。アダマさんというスピリチュアルなライトワーカー*14でヒーラーの男性のセミナーがあったのですが、彼はフィアンセのシーラさんという素敵な女性を伴って登壇されました。シーラさんはヨガインストラクターでミュージシャンで画家、カナダでリトリート*15施設を運営されています。波動高すぎカップルがポジティブな波動をほとばしらせながら2人のなれそめについて語ってくださいました。（以下、敬称略）

シーラ「知り合う前からアダマのセミナーを受けてみたいと思っていました。友人のアンジーと一緒に参加しようと思ったんです」

アダマ「シャスタ山*16でのセミナーは人が集まらず、キャンセルしようと思っていたんです。でも2人はどうしても参加したいと言って

*14【ライトワーカー】
直訳すると「光の仕事人」。地球の人々を助けるために生まれてきた人であり、人々にスピリチュアルの世界を伝えるという使命を生まれながらに持っているとされる。（↓P178）

*15【リトリート】
普段暮らしている場所から距離をとることで、疲れた心身を癒すこと。非日常の空間で自分と向き合い、新たな自分を発見したり、活力を得る。代表的なリトリートとしては、温泉と森林浴がある。

いて、会場をオレゴンにすると言ってもあきらめなかった。仕方ないと思って、2人を相手に1週間のプレアデス[*17]のワークをすることにしたんです。でもセミナーをやってみたら2人はとても良い生徒で、理解も早くて充実した時間を過ごせました。オフの日も2人を案内して周囲を観光したりしていました」

シーラ「私はその時は離婚して3年、彼もいない状態でした。スピリチュアルな人となかなか知り合えなくて、もう理想の男性はジーザス、というくらいになってしまっていました。基準がイエス・キリストです。でもともかくワークの日々はとても素晴らしく充実していて、講座が終わってアンジーとカナダに帰国する日になりました」

アダマ「2人を空港に連れて行くはずの人が来ないので、私が車で2人を送り届けたんです。空港でシーラが歩いて行く姿を見て、本当に大切でかけがえのないものが離れていく感覚がありました。そして気付いたら自然と涙が流れていたんです」

シーラ「ふと振り返ったら、アダマが両手を広げて涙を流していたので

*16【シャスタ山】米国、カリフォルニア州北部のカスケード山脈南部にある火山。古来よりアメリカ先住民の聖なる山とされる。そこで生まれる雪解け水はミネラルウォーター「クリスタルガイザー」の源泉としても知られる。

*17【プレアデス】古代、地球へ飛来したと言われる宇宙人。過去生がプレアデスである人は、その記憶から、魂レベルで自分の居場所が別の星に存在していると思うことがあるとされる。

驚きました。かけ寄ってハグして、ちょっとだけキスしたんです。そこからアメージングな展開になりました」

アダマ「滝の中にいるような感じで、膨大なエネルギーが降り注いでいるようでした。**2人以外の全てはこの世から消えてなくなったような感覚が。**この時から全てが変わると確信しました」

シーラ「崖から飛び降りたような感じでした。この人を決して傷つけてはいけない、とてもスペシャルな人だから、と思いました」

ここまで聞いただけでも、ソウルメイトの運命感が伝わってきます。滝に打たれたような膨大なエネルギー……この2人の感覚に比べたら、世俗の人の恋の芽生えなんてほぼ勘違いなのではと思えてきます。そして、運命に任せてアダマの海外セミナーについて行くことにしたシーラ。スピリット的にもフィジカル的にも関係が深まっていったのでしょう。

ソウルメイトと出会う方法

シーラ「ニュージーランドで待ち合わせて、2人で腕を組んで歩いていたら、ひとりの人間になったようでした」
アダマ「小さいキャンピングカーで2週間旅したのですが、食べ物の好みも全く同じだったんです。全てのタイミングが調和して一緒にいてとてもラクでした」
シーラ「私はこの変化の波に乗って不健全なとらわれを外すようにして、変わる勇気を持ったことでとてもラクになりました」
アダマ「あの時空港で彼女が振り返らなかったら……。何か見えない大きな力に促されていたようです」
シーラ「そして2人は一緒になった、というのがストーリーです」

見つめ合う2人。もし自分だったら、えっキャンピングカー？　と引いてしまいそうですが、**魂のレベルが高い人は、居住空間とかにはこだわらない境地なのでしょう**。会場から、どうしたらこんな風にソウルメイトと出会えるのかという質問が出ました。お二人の答えは……。

アダマ「浄化のワークをして、クリアになってハートをオープンにすることです」

シーラ「意識的になりたい自分になるようにしましょう。人は同じ波動の人を引き寄せます。いらないものを手放して、自分を無条件に愛するようにしましょう」

さらっとおっしゃっていますが結構難易度が高いです。ピンクベージュの服を着ればモテる、とか世俗的なことを言わないのがさすがです。**そしてスピリチュアルな2人だからこそ、お互いの気持ちを察知することで良好な関係を保てるとのこと。**

シーラ「2人とも感受性が強いので、お互いイライラさせる段階まではいかないです」

アダマ「疲れた時は優しくない言い方をしてしまうことがある。でも彼女はちゃんと疲れていると察してくれているんです」

シーラ「今日は調子が悪いとかわかります。彼もあとで謝ってくれます」

アダマ「古いパターンに反応せず、今の瞬間にいることが大切。相手のせいにせず、自分で状況を受け止めることです」

シーラ「物事をそのまま受け入れられるのが強みです」

アダマ「過去を頭の中で再現したら未来に起こってしまうので過去を手放しましょう。ユーモア感覚を持つのも良いですね」

シーラ「彼は完璧よ」

アダマ「彼女も完璧」

そして2人は見つめ合いました。こちらも胸がいっぱいです。

スピリチュアルなカップルは2人で1人。完全な調和を体現していますす。こんな関係に憧れますが、私の場合レベルがそこまで達していないので、完璧なソウルメイトを求めるのは高望みかもしれません。むしろスピリチュアル系じゃない異性との方が、試練が多くて魂の学びになるような気がしています。酒池肉林系の男性にハーブティーのおいしさを伝授したり……。全ては学びだと肯定的にとらえたいです。

コラム

スピリチュアル苦手系男子の話

スピリチュアル系が好きだというと、たまに「そっち系?」と揶揄されることがあります。なぜか日本ではスピ系は迫害され気味というか、週刊誌などの論調も、スピリチュアルに対して冷たいのが心に刺さります。とにかく怪しいレッテルを貼られる、というのがオウム事件以来顕著です。オウム真理教の起こした許されざる事件によって、ヨガやスピリチュアル関連のイメージが悪くなってしまいました。もちろんその世界は玉石混淆で、信頼できるかどうかは自分で見極める必要があるのですが……。でも、スピリチュアルな発言をしたとたん、冷笑されたり、「そんなこと言ってると男に嫌われるよ」とアドバイスされたりするので、だんだん生きること自体が修行や試練だと思えてきました。「修行」という言葉を出したとたん、先日もスピリチュアルが苦手な男性に「修行するぞ、修行するぞ」とオウムになぞらえられたり、「壺買わせられたりするんじゃないですか?」と聞かれたりして、世間の目の厳しさを痛感しました。

実際、スピリチュアルを信じていない男性に意見を聞いてみて、戒めとして肝に銘じたいと思いました。そしてweb関係のメディアを手がけるHさん(30代後半)を紹介していただき、話を伺う機会を得ました。見た感じ、知的で紳士的なお方で、なんとなく優しそうでスピリチュアルも話せば受け入れてくれると思ったのですが……甘かったです。

「スピリチュアルは嫌いではないですね。でも一線は引いていて、あくまでも興味の対象。否定するくらいなので向こうの手口はよく知っておきたいなと思って」と、Hさんはさわやかな笑顔でおっしゃいました。手口、ですか……。

　ところで以前「チャクラ」という単語を出したら男性に引かれたことがありました。「チャクラの調子が悪いからイベントの仕事に遅れます」と言ったらあとあとまで嗤《わら》われたことも。やはりスピ否定派男性にとって「チャクラ」という単語は受け入れ難いのかと、Hさんに伺うと……、

「チャクラ、ハハハハ!」と笑い飛ばし、「まずいですよね」と一言。「オーラとかもそうですが、おもしろがってるんだったらいいですけど。5000円とか払ってオーラ写真撮ってもらったとかだと、一線超えてる感じがします」

　それなら、私はまだ3000円くらいのオーラ写真しか撮ってないのでギリギリセーフ……にならないですよね。ところでHさんは「前世」にはご興味はないでしょうか?

「輪廻転生は仏教の重要な考え方の1つであることは知っています。でも、あくまでアイディアというか考え方であって、前世はあるかって言われたらないと思う。自分の前世に興味は一切ないですね（笑）」

　では……「守護霊」はどうでしょう?

「守護霊! ハハハハ。いろんなこと考えつかれてみなさん発想が豊かだなって感じですけど、興味はないですね」

　霊に関しては「極度のビビリ性でお化け屋敷

もダメです。だから、あえて、わざわざ否定してるのかもしれません」ともおっしゃっていたので、霊を認めてしまうと平常心が保てなくなってしまうのかもしれません。

それでは「宇宙人」はどうでしょう？

「あ〜、宇宙人は結構好きで。でもスピリチュアルとは違うジャンルかなって思ってます。でも映像とかは作り物だと思います。GPSができてから、UFOとか宇宙人は存在していないというのがはっきりしてきちゃって、嘘だってわかって目撃例も減ってきてますね。ファンの数も減っちゃってるし」

そうは言っても私の中ではまだまだ盛り上がっているジャンルで、実はつい数日前も、野辺山でUFOを3機目撃しました。さらにこの取材の日も午前中は宇宙人コンタクティーの方と会合していて、アンドロメダやオリオンの宇宙人の話で盛り上がっていました。過去生宇宙人、というところまで広げるとスピリチュアルの範囲内です。でも、UFO目撃談はここでは自粛しました。

地底人はいるらしいのですが、どう思います？　スノーデン*もいるって証言していますが……。

「いたらいいですよね。まあ、迫害から逃れて何十年地底にいるって人はいるのかもしれないですけど、別の生命体がいるっていうのは厳しいですね」

では、天使はどうでしょう？　宗教画に描かれているほど由緒もあり、万人受けする天使なので、心のどこかで信じていたりしないでしょうか。

「てーんしーーハハハハ。天使おもしろいですよね。天使も好きなんですけど、はい、すみません。気になるんですけど実際にはいないだろうなって」

　では……逆にいるのはなんでしょう？

「いるのはなんなんでしょう。宇宙人はどっかにいるのかもしれないと思います。時空のどこかに別の知的生命体はいると思いますけど接触は難しいなと思いますね」

スピリチュアルを全く信じないHさん
守護霊はどう思いますか？
守護霊(笑)!!
チャクラは……
チャクラ(笑)! 僕も開きたいですよ
一言一言笑い飛ばしていただいて むしろ気持ち良かったです。笑いで ポジティブエネルギーが生まれました

　そうですね。私も接触できるようになりたいです……。それでは「神様」はいると思いますか？

「神様は……それは結構難しい存在ですけど。僕はカントが好きで、『純粋理性批判』も読んだのですが、『アンチノミー』というのに『世界に神がいるかいないか』『世界に自由があるかないか』『時間・空間的限界があるかないか』といった議題があるんです。あるかないかは結論が出ないって論じていまして、でも神はいるような気がしますけどね。宇宙を創った存在とか」

　高度な論理で脳がアセンションしかけましたが、Hさんは「科学的なものごとの考え方や論理的な思考を僕はよすがにしていると思います」とおっしゃっていたので、私にとってのスピリチュアルが、Hさんにとっての科学や論理なのかもしれません。お互い認め合える社会が理想です。

普段、スピリチュアルな人と会って困惑したことはあったりするのか伺うと、

「スピった人が行くという高千穂の方の幣立神《へいたてじん》社《じゃ》に、奥さんと旅行中立ち寄ったことがあります。山道が大変でしたが、女性1人で来ている方がすごく熱心に社《やしろ》の前に佇んでいたんですよね。歩いては行けない場所で、車も見当たらないしどうやってきたか謎なんですよね。もしかしたら宇宙人だったのかもしれない（笑）。杉がわーって生えてて、自然のエネルギーは感じました」

行きたくてもまだ行けていない幣立神社、うらやましいです。実は神社に呼ばれていたのでは、という気もしますが……。

パワースポットと同じく人気のパワーストーンはいかがでしょう？

「パワーストーン（笑）。持ってないです。たまに数珠巻いてる人いますよね。一見ふつうの人でも付けていたりして。本当ダサいですよね。暗示だと思います。以前、磁気の製品を開発している人に、うです。磁気ブレスレットもそうです。以前、磁気の製品を開発している人に、『疲れなくなってすごいから。Oリングテストで試してみて』って言われて『キターッ』って思いましたね。そんなものあるわけないと思いながら、Oリングで力を入れてあげたって感じですね」

Oリングテスト、時々友人との食事会でメニューを決める時に女子同士でやったりしていますが、そんなことはとても言えませんでした

……。

しかし次から次へと論破されるのが快感になってきました。だんだんHさんを教祖として崇めたくなってきたような……。こうやってすぐハマってしまうのがスピリチュアル系の弱点です。

「そんなに目の敵にしてるつもりじゃないですが、生きづらさが加速している人が、スピってるもので解決するのは良くないと思います。おもしろいけど、サプリばっか飲んでたら体壊すのと一緒。それだけになったら問題ですね。たぶんハマっていくのは別の要因があるので、そっちの解決ができないかって考えたり、アドバイスできたらって思います」

過去生に現実逃避する癖はなんとかした方がいいかもしれませんね……。

「客観視できていれば、オーラ写真を撮ったりチャクラとか言ったりしてもいいと思います」

距離感の取り方やスタンスが重要なんですね。Hさんのように、問題が起こっても自分の力で人生を切り開いていかれるのもかっこいいと思います。でも、強運なのはやはり強力な守護霊が守ってくれているのでしょうか……。

「いい守護霊ついてるのかもしれない（笑）。僕も善行を積んでいきたいです」

と、最後はちょっと歩み寄りの姿勢を見せてくれました。ありがとうございました。これからもスピリチュアルが苦手な男子に論破されつつ、少しずつこちらの世界に引っ張っていきたいです。

＊【スノーデン】
アメリカ国家安全保障局（ＮＳＡ）および中央情報局（ＣＩＡ）の元局員。ＮＳＡによる国際的監視網の実在を告発するなどし、現在はロシアに滞在中。

第3章
スピリチュアル系図鑑

最近は初心に返ってアロマテラピーにハマっています
スー…。。。
吸っても吸っても吸い足りない……
合法です
健康に良いし魔除けにもなるので最高です

パワーストーン

スピ度レベル1 ★☆☆☆

心の隙間をクリスタルで埋める

スピリチュアルな世界へと導いてくれる存在の一つが、パワーストーン。スピ度（スピリチュアルの度合のこと）が高い人の間では「クリスタル」とも呼ばれます。地球には感謝してもしたりないほど、自然の結晶である、数多《あまた》の美しい石たちが存在しています。私も辛いことがあったとき、悩んでいるとき、気付いたら石を握りしめていることがあります。悩みは友人ではなくスモーキークォーツに打ち明け、集中力が途切れたらアメジストに救いを求め、マイナスの思いにとらわれたらシバリンガムに浄化してもらったり……。

さっきまで首が痛かったのも、ヒマラヤ水晶に癒してもらいました（マッサージ代より安上がりです）。クリスタルのクラスターを握りしめ、「すごい、気がビリビリくる！」と思ったら、単に石の突端が刺さっていたこともありますが……。石がなかったら今の私は存在していない……とまで言ったら言いすぎかもしれませんが、生活の重要な位置を占めていることは確かです。石は石を呼び、毎月のように原石や天然石のアクセサリーを買ってしまうのを止められません。部屋では石をはべらせている石ハーレム状態。触っているとなぜか人肌に温かく、体温を感じる時もあります。心の隙間はたぶん石が埋めてくれます。

大きいパワーストーンは万単位の結構いい値段がしたりしますが、買えないまでも、高級な石と触れ合えるスポットもあります。例えば恵比寿のパワーストーンバーでは、まるで猫カフェの石バージョン、もしくは石キャバクラのように、石をテーブルに連れてきて触りたい放題です。撫でたりさすったり、抱きしめたり……石は何も言わずに受け止めてくれて、もしかしたら前の客のマイナスの気も吸収しているかもしれませんが、それなりに大きい石は自己浄化力があると信じています。パワーストーンバーではラピスラズリに心の中で語りかけたら「目標をもっと高く持ちましょう」とアドバイスされたような……。石オタが進行すると石と喋れる気がしてきます。

30億のマンションより価値がある

触るだけでは物足りない、自分だけの石を見つけたい場合は、スピリチュアル系ショップに行くのもいいですが、大々的な「ミネラルショー」というものが、毎年、全国各地で開催されてい

ます。いわゆる渋い鉱石からパワーストーン、さらに高価な宝石まで、あらゆる石が展示販売される見本市です。

最初行った時は、石酔いしてしまったほど、石たちの発するオーラだけでなく、キャラの濃い店員のヴァイブス、お客さんの発する熱気が渦巻いていてカオスな空間でした。石を扱う業者の人々もアグレッシブというか、石のパワーで元気になっているのだとしたら、やっぱりパワーストーンは効果があるのでは、と認めざるを得ません。これまで見た濃い店員さんは、10万円のオパールをマダムに売り付けようとして、「30億のマンション1棟分よりも60億円のダイヤの方が絶対価値がある」と石の魅力についての理論を力説し、「ATMに寄ってきてください」と、さらに追い討ちをかけていたおじさん店員とか、「全ての原料を分子と粒子にして再構築したら食糧危機がなくなる可能性があります」と澄んだ瞳で語っていた、天然石の刀を造形している作者など……。「笑いが止まりませんな」と黒い笑いを浮かべている人を目撃したこともある、清濁渦巻く市場です。

お客さんも負けていなくて、5万円の石をいったんは買ったものの次の日に「やっぱり返品します」とお店に持ち込んで店員さんを困らせている女子を見かけたことがありました。一晩、石のパワーを吸い取って返すエネルギー万引き（エネ万）のような……。石ガールはパワーストーンの名前（及び効能）がわかるのは当然で、買う時に「この石はナミビアの鉱山の石ですか？」と産出場所にもこだわるのが通です。

石ころ呼ばわりは厳禁

石好きとはいえ、まだまだ不勉強な私ですが、先日も都内で開催されたミネラルショーに行ってまいりました。貧乏性なのでまずは1000円以下の石から物色。メタモルフォシスという「変革・変容をもたらす」石（800円）や、「霊性を高める」ラブラドライト（500円）、ニューヨーク州で産出される「心のバランスを保つ」ハーキマーダイヤモンド（400円）など。隣の店で数千円だったパワーストーンが別の店では1000円以下だったりして、掘り出し物を発掘する楽しさもあります。ちょいワルの業者か、純粋で良心的な業者か、人を見極める目も必要

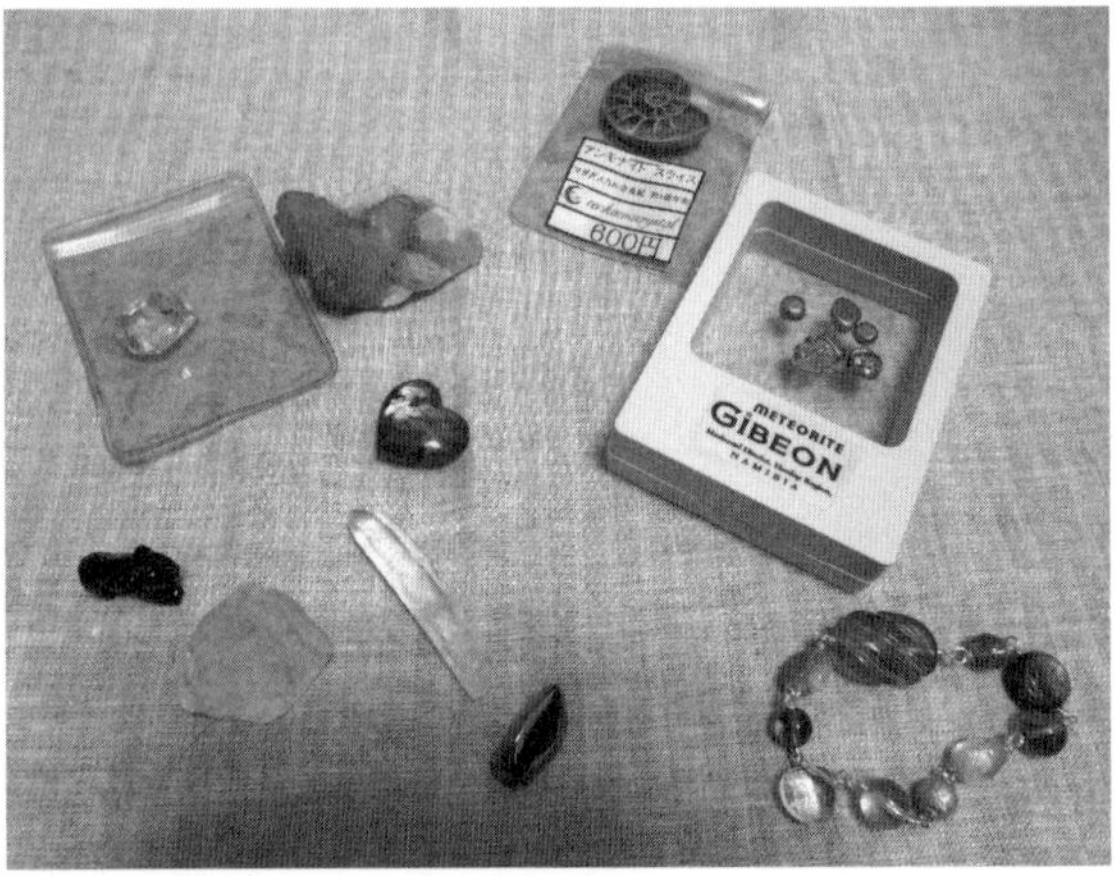

今年、ミネラルショーで買った石の数々。ギベオン隕石、スピリットクォーツ、フローライト、アンモナイト、テラヘルツ鉱石、タイガーアイ、etc……。あっという間に1万円超えです。

です。良質な石をわりと安く買えた時は高揚します。他にもテンションが上がりまくっている女性客がいて、友人の女性が「落ち着いて！　どうどうどう」と言って、暴れ馬に対するように鎮めていました。石を選びながら「この子かわいい～」「家にいっぱいいるんだよね」と石を生き物かのように語る女子たち。男性店員もそれを普通に受け止めて「フローライトは一度にたくさん買う人が多いですね」と、対応していました。石ころ呼ばわりするのは、犬好きの人に、犬のことを男の子、女の子とか言わず「オス」「メス」と言うくらい、ぶしつけなこととされています。

　男性のお客さんで気になったのは、渋い鉱石が売られている店で、「琵琶湖の貝が最近おもしろいです。カワニナとか」と語っていた、知的な男性。石に現世利益ばかり求めず、わびさびがある趣味をお持ちなのが素敵です。「この石、全然いらないんだけど、前を通ったらなぜか買っちゃったんだよね」と困惑気味に話す若い男子もいました。石に対して無防備だから、石の吸引力に引き寄せられてしまったのでしょう。ふとよぎった思いは、人が石を選んでいるのではなく石が人を選んでいるのではないか、ということです。石にも意志があるのです。

先ほど、石好き女子が「この子」と石を称していると申しましたが、もしかしたらそれも石に対して失礼だったかもしれません。何万年、何億年もの悠久の時間をかけて育まれた石たちは、地球上では人間よりも全然大先輩です。もしかしたらご神体にして祀った方が良いレベルです。パワーストーンを手に入れたら、尊敬の念を胸に、心の中で先輩と呼びかけてみたら、さらなるご加護の力を引き出せるように思います。これからも石たちと一緒になんとか苦娑婆を生きていこうと思います……。

パワーストーン系の生態

口癖

「この子、キラキラして元気でしょう」

石のことは決して石ころ扱いせず、「この子」と呼んで愛情表現。

仲良くなる方法

天然石のアクセサリーで自分の願望をさり気なくアピールするのが話題のきっかけに（恋愛運ならローズクォーツ、金運ならタイガーアイなど）。

手相

スピ度レベル1
★☆☆☆

個人情報がうごめく小宇宙

手相占いには少しトラウマがあります。雑誌の取材で、〇〇の父に見てもらったときのこと。「大学受験で実力が出し切れなかった」など微妙に当たっている部分もあったのですが、私の手のひらのどの部分を見てなのか、唐突に「不感症ですね」と言われて軽くフリーズ。そのとき取材に同行していたのは男性編集者とカメラマン。気まずい空気の中、「ちがいます」と否定するわけにもいかず、不感症のレッテルに甘んじるしかありませんでした……。あとでネットで調べたら、その占い師は、若い女子に不感症だと言って「治してあげるよ」と胸を触っていたという噂が。そういえば手相の線をなぞってくる手つきがエロかったです。

とくにいいことは何もないね

有名な◯◯の母に見てもらったこともあります。知人が前に見てもらったとき、悪霊に憑かれて顔が見えない、出て行ってくれ、とさんざん罵倒されたと聞いていたので、覚悟して行ったのですが……。雑然とした店で、前に占いを受けている女性が髪型にダメ出しをされているのが聞こえてきて、何を言われるのかと緊張。私が言われたのは、「とくにいいことは何もないね」「キツネかヘビに憑かれている」「あんたと結婚する男性はかわいそう」、トドメは「人間じゃない、化け物だよ！」と、鑑定というよりもディスる内容で、しばらくヘコみました。

横浜の路上で見てもらった占い師のおじさんには、「霊が6人憑いてるよ」と微妙に脅されました。また、大阪の石切劔箭神社《いしきりつるぎやじんじゃ》の参道（有名な占いスポット）に行ったときに見てもらった手相占いのおばさんには、「感情線ほんま乱れとる」「細かい苦労が多い」など、またネガティブなことを言われた挙げ句、「お金貯まらへんな」と連発されました。不安にかられ、立て続けに近くの手相のお店に入ったら、今度は「今、占い師募集しているけどどう？」とスカウトされました。

手相占いでどの線をフィーチャーするかには、その占い師の霊格とか人間性が表れているようです。励ましてくださる、ポジティブな占い師さんにも会ったことがあります（日笠雅水《ひかさまさみ》さんなど）。でも、今までの手相体験の8割がダメ出しでした。ただ大人になるとあまり怒られたり説

オーストラリアから来日したマックス・コッパ氏に手相を見ていただきました
親指を押して戻りづらいので脳を使いすぎて疲れています
そんなことまでわかるんですか？
他にもこんなことがわかります
コンピュータ線
ガジェット好き・PCを使う仕事
親指に線が入っている
若いころ悩んでいた
借金が返ってこないサイン
ここがポコっとしてる
親指が反る
人に与えすぎる
手をまっすぐに開いた状態で線が赤い
キレやすい
マリファナ中毒
月丘に線
コカイン中毒
やましいことがある人は手を見せない方がいいです

教されたりしなくなるので、手相占いは初心に戻れる貴重な体験なのかもしれません。

　ところで先日、ディスられないどころか、ワクワクする稀少な手相体験をすることができました。オーストラリア人のマックス・コッパさんの手相占いと数秘術の評判は、他の人からも聞いていました。知人の女性は、転職の合否を待っているときに手相を見てもらったら、絶対大丈夫だと言われてその通りになったそうです。そんなポジティブな内容なら受けてみたいです。これまでの手相のトラウマが消えることを期待し、私は都内の鑑定室に向かいました。

「手相はDNAみたいなもの。手相を見ればその人がわかります」というコッパさんに手を差し出すのは勇気がいります。

「仕事を表す運命線と生命線がぶつかっているので、これから仕事は調子良いです」

覚悟して手をお見せしたら、久しぶりにポジティブなことを言われて嬉しいです。

「火星丘《かせいきゅう》が盛り上がっているので、パワーがあります。不当に扱われると怒りを感じるタイプですね」というのは納得ですが、「体操選手と同じタイプの手なので肉体派です」というのは意外でした。運動神経はどこへ……。苦手意識を持っていましたが、やればできたのでしょうか？

気になっていた鎖状の感情線について伺うと、「自分自身を探求している」というサインのようでした。

「人差し指と中指の間に線が入っているのは、何でも達成する、という決意の強さを表しています。小指の下の数本の線は、恋愛の傷を表します」とコッパさん。

「日本では結婚線と呼ばれていますが、違うんですね」

「リレーションシップラインです。交際でストレスを感じても線が出ます」とのこと。日本と違う概念が興味深いです。

「親指と人差し指の間に深いしわができるのは、自分の力でここまでやってきた、という努力家の印です」

そう言っていただけるとちょっと報われた感が。

「生命線の色が青みがかっているのは水が足りない印。水をたくさん飲んでください」と、健康面のアドバイスも当たっています。また、感情線の上に白くボコッと出るのは「人にお金を貸して返ってきていないのを表します」とのこと。言い当てられて、思わずこのことをツイートしたら、同じくボコッと盛り上がっている人からの同意の書き込みがありました。オーストラリアの妙に具体的で細かい手相、おもしろいです。ちなみにオーストラリアではサーモグラフィーで温度を見て、それも占いの要素として取り入れたりしているそうで、日本よりも進んでいます。

指が開いている人は浪費家

自分の手相はさておき、他にも様々な具体例を聞いてみました。

・手をパッと出すとき、指が開いている人は浪費家。おごってくれる可能性大（逆に閉じている人は倹約家）。
・手のひらの真ん中、薬指の下の方が部分的にツルツルしている人は肝炎などに注意。
・小指の第一関節が異常に短い人は、人を傷つけるのを何とも思っていない。
・感情線が切れ切れなのはサイコパスの気あり。
・手相の線が赤く浮き上がっている人はアグレッシブで攻撃的。

・月丘《げっきゅう》（手のひらの小指の下の方のふくらみ。無意識を表す）にゆったりした波線が出ている人はマリファナ中毒の疑い（やっぱり大麻は線もまったりしてるんですね）。
・月丘にギザギザの線が出ている人は、覚醒剤もしくはコカイン中毒の疑い（サプリの飲みすぎという場合も）。
・任侠系の人のように指を切断するのは凶。
・手相を良くしようとして手術で線を刻むのはかえって不幸になる。
・感情線の上に横線が出ているのはコンピュータ線と呼ばれ、ガジェット好きの相。

など、細かい手相ネタの数々が興味深いです。とくにドラッグ経験が手相に表れてしまうとは油断できません（やっていませんが）。手相はいろいろバレてしまうので、隠す人も結構いるそうです。

「どうすれば手相が良くなるのでしょう。マッサージした方がいいですか？」と伺うと、「マッサージはいいですよ。とくに火星丘を触ると性的に高まるのでカップルでマッサージしあうのがおすすめ」とのことでした。相手の手相が良くなって出世してくれればいいですね……。

いままで恐れていた手相占いですが、知識や情報をインプットすれば、コミュニケーションツールとしても使えます。あれから、友人などにドラッグ中毒の手相の話などして、宴会を盛り上げています。手相に表れていた孤独の相が少しは薄らいだでしょうか……。

手相系の生態

口癖

「親指に仏眼《ぶつがん》が出ているのは守られている印」

第一関節が目の形になっている人はスピリチュアル度が高いです。霊感があったり、守護されているという手相です。

仲良くなる方法

「手から良いエネルギーが出ていますね」

末端には人柄が出るので、とにかくホメれば間違いないです。

風水

スピ度レベル1
★☆☆☆

今どき女子のたしなみ

開運にアグレッシブな人が取り入れている風水。しかしこだわっていくうちに台所のガスレンジのつまみの向きまで考えなければならない域までいってしまったり、水回りのリフォームが必要になったりと素人にはハードルが高いです。

ちょっと前に、初心者向けの風水講座が開かれたので行ってまいりました。1990年代、ディスコでお立ち台クイーンとして一世を風靡した荒木久美子師匠が、いつの間にか美魔女の魔女部分がバージョンアップされ、スピリチュアルリテラシーの高いお方になられていました。そのお友達の美魔女、川島真紀さんとの「開運風水部屋」セミナーです。木場の荒木師匠のサロンに行くと、お二人の美魔女の美しさはもちろん、集まった女性たちの女子力の高さに圧倒されました。ピンクや白を取り入れたファッションやネイルで、艶やかなロングヘア……。スカーフを膝にかけている奥ゆかしい女子もいます。テーマが恋愛運や結婚運にも効く風水ということで、皆さん女性としての意識が高いのが伝わってきます。風水は部屋以前に自分の服装とか髪や肌のケアをすることがマストかもしれないと思えてきました。インナー風水、肌風水がおざなりな自分を反省。

家の中の気は血液と同じ

川島さんは、20年前にご実家を建て直した時に風水の知識を学んだそうです。対して荒木師匠は、運気を上げたくて一時は「吉方位取り」にハマっていて、今月は南が吉なら南に旅行していたとか。たしかに運気は上がったそうですが、そもそも旅行が好きではないというのと、旅費がかかるというので、吉方位取りよりも効率が良い開運法を探していたら、風水にたどり着いたという流れだそうです。

「風水は中国4000年の歴史がある、気の力を利用した開運法です。衣食住を気持ちが良いものに改善することで宇宙のリズムと調和し、本来の力を最大限に発揮できます」と、荒木師匠。ジュリアナの扇子も考えてみれば、気を循環させるアイテムのようです。

川島さんによる、風水豆知識の伝授がありました。

「気は、玄関から入って反時計回りに家を巡ります。家の中の気は血液と同じ。物がゴチャゴチ

やってはいけない風水ネタも盛り上がりました
バナナ柄のベッドカバーは南国の果物なので体を冷やします
古い靴があると出会いが減ります
寝室に水を置くと旦那が浮気します
風水の都市計画や香港の風水バトルといったスケールの大きすぎる話よりもネタが身近で具体的です
まずは小さな幸せから実現させたいです

ヤしていると乱れます。鏡を玄関に向けて置くと気をはね返してしまいます。人物画も同じくはね返します」

玄関に鏡は良いのかと思っていましたが、風水的にはNGだそうです。身だしなみは、マンションのエレベーターに鏡がある人はそこで整えたら良いかもしれません。

「どの方角に何を置くかによって変わってきます。北の方角は冷えるので黒いものはやめたほうが良いです。ピンクなどが良いでしょう。妊活中の方にもピンクがおすすめです。結婚したい方は南東を大事に。明るい緑がおすすめです」

あとで帰宅したら無意識のうちに南東に黄緑色のノートを置いていました。そんな些細なことでも良いのでしょうか。

「東にテレビなど音の出るものを置くと良い情報が入ります」

そして重要なのは寝る時のベッドの向き。

「人生の3分の1は睡眠です。寝ている間に良いエネルギーを吸収しなければなりません。良いエリアに頭を向けましょう。気は北から流れるので、実は北枕は安眠できて良いです。西もOKです。南枕はアーティストや芸能関係の人におすすめです」

とのこと。ところで以前、雑誌「VERY」の「家族風水」という記事で、一緒に寝ている家族と運気を分けあうことになるので、別々に寝た方が良い、と書かれていました。親子3人で川の字になって寝ると得られる運気は3分の1に……。結局、スペースに余裕があるお金持ちが、充分なエネルギーを得られるというのなら、不公平です。

一緒に寝る人同士の相性も関係しているように思います。風水の陰陽五行説では「相生《そうじょう》」「相《そう》剋《こく》」といった、生まれ年で相性の関係を表す言葉があります。「相生」は、良い相性ですが、相手から吸い取られる場合があって、油断できません（例：「水」は「木」を育てるので木は強くなって水は弱まる）。お互いに力を弱め合う「相剋」の相性なら、一緒に寝ないことでお互いのエネルギーを守れます。風水を取るか、夫婦仲を取るか、究極の選択です……。

トイレでLINEはおすすめしません

セミナーでは「寝室にPCやスマホを置くと気が乱れます」というアドバイスもありました。どうしても寝る直前に気になったことを検索してしまうのですが、たしかに寝覚めは悪いです。「電子レンジも気を乱すので思い切って捨てました。今は鍋で温めています」と、川島さんはおっしゃいました。

「おかげさまで2人とも夫婦仲は良いよね。お互いエネルギーを補充し合ってる。でもたまにエネルギーを吸う男いるよね。お金もあって顔も良くてセクシーだけどエネルギーを吸う男とか。絶対結婚しない方がいい」と、荒木師匠。そこはかとなく実感がこもっています。「環境も一緒にいる相手も大事」と川島さん。

「盛り塩は、スポンジのように邪気を吸い取るけど、交換するのが面倒なのでおすすめしません」

「キラキラ光るものや水晶やひょうたんなどを置くのがいいです」

「あと、トイレ掃除をすれば手っ取り早く運気アップ」

「美容、健康、妊活に影響あります」

「トイレに窓があるとベストですね」

「トイレでLINEを送るのは悪い気が乗るのでおすすめしません」

女子会っぽい空気でピンクのオーラが充満していそうなサロン。この場所も改装を重ねて良い運気を呼び寄せたそうです。

「空気が淀んだら音叉《おんさ》の音で浄化できます」

「大きな音で手を叩いても良いですね」

「観葉植物やお花を置くのも良いです」

「でも植物を置きすぎると家を乗っ取られて誰が主人なのかわからなくなってしまうので注意しましょう」

「50代女性で大量のアヒルのおもちゃを無意識のうちに集めていた人がいました。孤独運が強くなってしまいます」

など……尽きない美魔女の風水トーク。そして2人の具体的なアドバイスを真剣にメモする参加者たち。方角の話もありましたが、「トイレ掃除」「手を叩く」「観葉植物」など、手軽な方法がありがたく、記憶に残りました。「全部を網羅するのはムリ」と師匠も言っていました。

汚くてごちゃごちゃした家は悪い運気を呼ぶ、という話を受けて、荒木師匠の「寝癖にジャージ姿だとセフレにされる。きれいなお姉さんは大事に扱われます」という言葉が心に刺さりました。

このセミナーの後、玄関に観葉植物を置いてみました。すると、元気だったシェフレラの葉っぱがどんどん茶色く変色し、落葉……。どれだけの邪気が玄関から入っているのか恐ろしくなりました。もしくは私についていたものが……。観葉植物がかわいそうですぐに移動させました。

風水に対して焦りが芽生えていたある日、有名なインテリアデザイナーの展示に行きました。東京オペラシティアートギャラリーで開催された「片山正通《かたやままさみち》的百科全書」という充実の展示で、片山氏が収集し部屋に置いていた膨大なコレクションが並んでいました。観葉植物も膨大でしたが、暗いタッチのアート作品、いわくありげな骨董やお面、そしてクマやトラ、キツネなど多数の剝製もあり、風水的にはNGとされている物も多いです。それでも、片山氏は大成功を収めている……才能やエネルギーが風水を上回ったのでしょうか。風水は、最初から信じていない人は強い心でそれを貫いた方が良いかもしれません。一度気にしはじめるとハマってしまいます。すでに竜の置物を購入した我が身を思いつつ……。

風水系の生態

口癖

「ドライフラワーは風水的にNGだから」

死んでいるので陰の気を放つそうです。風水を知っている人が言いがちな豆知識。

仲良くなる方法

「やっぱり長財布だよね」と、お財布を見せ合う。風水師がよく推奨しているのは、お札にとって快適な環境の長財布。財布のデザインや色に気を使う風水女子なので、今年の開運カラーや一粒万倍日《いちりゅうまんばいにち》の話などでも盛り上がりそうです。

神社

スピ度レベル1　★☆☆☆

スター系神社への参拝

世の中には、神社で神様の声を聞けたり話せたり、姿が見えたり、不思議な存在が見える、という方がたまにいらっしゃいます。先日も、知人の女性編集者がこんな話をしてくださいました。

「この前、霊感が強い友人と一緒に、夜に秩父の三峯神社《みつみねじんじゃ》に行ったら、オオカミを見たんです！」

「えっ？　オオカミって……日本では絶滅していますよね。でも、そういえば三峯神社の神様のお使いはオオカミ……」

「ちょうど夜に参道がライトアップされている時期だったんですが、参道を歩いていたらガサゴソ生け垣から音がして、見たら真っ白のオオカミが2頭いたんです！　結構近い距離で見ました。普通に恐怖を感じました。食われるんじゃないのか、って……」

「すごい体験ですね」

秩父からバスで1時間以上かかる山奥の三峯神社に夜に行くということだけでも勇気がありま
す。

「シベリアンハスキーどころじゃないサイズ感でした。その後、遠吠えが聞こえました」

「それは神社に歓迎されているということでは？　うらやましいです」

三峯神社は関東圏でもかなり強力な霊験スポット。こちらでは「御眷属拝借《おけんぞくはいしゃく》」といって、オオカミを御神札として1年間拝借し、守護してもらうことができます。その女性の話を聞くと、本当に白いオオカミがいるみたいで、三峯神社への畏怖の念が高まります。

昨年、秩父周辺を取材した時に三峯神社にも立ち寄ったのですが、標高が高くなるにつれ、空気が厳かにはりつめてゆきました。本殿に参拝しながら目を閉じていたら鳳凰のような翼のビジョンが見えました。続いて隣の社にお賽銭を投げ入れたら、なぜかお賽銭が跳ね返ってきたのですが、これは何かの警告かもしれないと恐怖。意識の高い人はさらに1時間かけて険しい山道を登山して奥宮に参拝するそうですが、私は体力・気力的に本殿周辺にしか行けませんでした。境内はどこもすばらしくて、樹齢800年のご神木が2本植わっていたので、近づいて手を当てると、ご神木と一緒に地球の自転を体感しているような不思議な感覚がありました。白いオオカミ目撃体験には及びませんが、少しでも神気《しんき》を感じられたことが嬉しいです。

修行マイレージのため方

神社では、あまり自分のお願いをしない方が良い、とも言われています。先日、お参りをしたあと、小学生くらいの少年が「何もお願いしなかった〜」と言っていて、無心で神に愛されるピュアさに感じ入りました。現世利益に強い神社や道教のお宮などでは、詳細に相談をしても良いようですが、神社では基本、自己紹介と感謝するくらいにとどめるのが開運につながると、いろいろなスピリチュアル系の人が言っています。神様の方からメッセージが来たら、ありがたく受け止める感じでしょうか。つい忘れがちですが、祀られている神様がどなたかもあらかじめ調べておくのが礼儀だそうです。

以前、神社などで神様とコミュニケーションできる稀有な女性、桜井識子《さくらいしきこ》さんを取材させていただいたことがあります（「BRUTUS」2017年11月号開運特集）。不肖私も神様と会話できるようになりたいのですが、どうしたら……と伺ったら、「やっぱり修行ですかね」というお答えでした。日々こつこつと、神社仏閣や聖域に参拝するのも修行の一環。富士山などの高い山に登ると、一気に修行マイレージがたまるそうです。神仏からのメッセージは言葉の塊で来るので、脳内で変換するとおっしゃっていました。データが神形式に圧縮されているのでしょう。

桜井さんとは、江島神社《えのしまじんじゃ》にご一緒しました。道中、海辺の岸壁に白い蛇がたくさんいるというのを霊視されていました。こちらの神社には龍神がいらっしゃるそうです。体が太くて緑色で力のある龍神。最後、神社をあとにする時に一瞬飛んできて見送ってくださったとのこと。私は何も見えなかったのですが、それでも神様からのメッセージを受け取ることはできるそうです。例えば、岩の間に黄色い花が咲いているのが目に入ってきたのですが、「ああいうものに気付くことが神仏に歓迎されているサインです」だそうです。チョウやトンボ、きれいな色のトカゲなど、珍しい虫や小動物が寄ってくるのもサインだとか。江島神社では、猫が木の上にいる姿も発見。これも神様のサインだと聞いて嬉しくなりました。動物の種類によってメッセージの意味が違っているのでしょうか。例えばムカデやガが現れたら微妙な気分になりそうです。そして江島神社では、花とか猫と遭遇しましたが、気付いたらブレスレットが切れていたのが不吉な感じでした。メッセージ過敏症にならないよう気を付けたいです。また、おみくじにも神様のメッセージが込められているとか。最近引いたおみくじに「決して色に溺れ不義の行いをしないで正しく一心に辛抱するがよいです」と全く身に覚えのない戒めが書かれていましたが、気を付けたいです。

平和の鳥居が写真映え

神様のサインの話を聞いてから、神社で周囲をよく見るようになりました。名古屋に仕事で行き、熱田神宮《あつたじんぐう》にお参りした時は、境内に足を踏み入れたとたん、目の前にニワトリが現れて驚き

神様のメッセージ？
神社で遭遇した生き物たち
グルルル
熱田神宮にて
目の前に突然
ニワトリが！
江島神社では
木の上に佇む猫
を発見！
でも今までで一番不思議
だったのは、熊野本宮大社で
空中から目の前にケセランパサラン
が現れたことです
メッセージ解読不可能です
？

ました。よく肥えた大きな白いニワトリ。目の前を「グーグルルル」とつぶやきながら歩いていました。しばらくニワトリのあとをついていきました。これも歓迎してもらっているのでしょうか。その後、お昼に境内できしめんを食べたのですが、唐揚げを買うことはさすがに自粛しました。肉を控えめにして心身を清めるように、という神様のメッセージを拝受。神の使いとされる神鶏ですが、熱田神宮のニワトリはいつの間にか住み着いていたそうで不思議です。

先日は長野に出張の折、地元のパワースポット、四柱神社《よはしらじんじゃ》に参拝しました。健康長寿、商売繁盛、良縁などの霊験があるそうです。こちらの境内には鳩の大群がいて、地面と神社の屋根をバーッと飛び交っていて、鳩の渦に巻き込まれそうでした。鳩も何かのメッセージなのでしょうか。やはり平和とか……。鳩のはばたき音が耳元でして、浄化されるような気もしました。

箱根神社では、変わった動物というより、インスタグラマーっぽい人がたくさんいました。湖上にある平和の鳥居が写真映えするので人気らしいです。長い階段を若者たちが「下に降りたほうが〝映え〟するよね」とか言いながら軽快に下りてゆきました。こちらは箱根神社の参拝ですでに脚がガクガクだというのに……。階段を恐れてしまうのはまだ修行が足りないのかもしれません。

神社仏閣に行くと、やはりどこでも階段責めというか、聖域に入るためには何らかの試練が課されます。周囲の現象やメッセージに気付くためには、体力や気持ちの余裕が必要です。足腰を鍛え、神様のメッセージがいつでも受信できるようにスタンバイしていることを心がけます。神様が何かを伝えているのに気付かない、未読スルーだけは避けたいです……。

四柱神社の鳩の大群。平和や幸せの象徴だと思うとありがたいです。

神社系の生態

口癖

「奥宮は行きましたか？」

神社は、複数の社殿があるところがあり、行きやすい本殿とは別に、奥に知る人ぞ知るお宮があったりします。上級者は、山の上だったとしても奥宮への参拝を欠かさず、本殿しか気付いていない人に対しマウンティングしがちです。

仲良くなる方法

結界に入ったら空気が違う！　と、空気の変化に盛り上がる。敏感な人は誰よりも早く土地のエネルギーに気付かないとなりません。山奥は普通に空気が澄んでいますが、それだけではない何かがあるようです。

ライト系占い

スピ度レベル1 ★☆☆☆

今や占いもフェスの時代

占いフェスPresents「Luck Out!」に行ってきました。はじめてこの「占いフェス」に出会ったのは2017年1月。会場はラフォーレ原宿で、占いがこんなにPOPなイベントになるとは……と感慨深かったです。来ているお客さんもおしゃれな若い女子で、対面占いコーナーでチラッと聞こえてきたのは「元カレが来る同窓会に行っていいかどうか」という相談。雰囲気もPOPなら悩みもライトでした。そんな中、私は「人に利用される兆《きざ》しが出ている」などとシリアスな鑑定をされ、その後怪しいマネージャー志望者が近づいてきたりして結局占いが当たってしまいました。スピリチュアルと占いは似て非なるジャンルで、ヒーリングはされても占いはあまり受けていなかったのですが、たまにこうやって指針をもらえるのも参考になります。

対面占いは共同作業

毎回、おしゃれにアップグレードされていく占いフェスが、2018年夏はさらにパーティっぽいフェスに発展。ライブなどもあるイベント「Ｌｕｃｋ Ｏｕｔ！」がベルサール高田馬場で開催されました。「アガる、感じる、劇場型開運体験」というキャッチフレーズです。占い師さんからの「占い好きの女子は陰キャだからフェスは行きづらいのでは？」という意見もありましたが、実際私も誰も誘う人がいなかったので、一人で初日に行ってみました。

会場に近づくと、友達グループで来ている人が多くて適度に盛り上がっていました。ステージコーナーではＤＪプレイやトークイベントが行われています。椅子がなくオールスタンディングだったので寄る年波には勝てず、ライブはそこそこに座れそうな占いコーナーへ。系列のサイト「ココロニ」による特別鑑定会が行われている部屋がありました。占いにもついにハイテクの波がきていて、ＱＲコードから自分の生年月日など入力すると、入場管理もＱＲコードでできる上、対面占いの占い師さんのｉＰａｄにも自動的に生年月日が転送されるようになっています。つまり、座る前からもうデータが伝わっている状態です。素人目にも、システム開発にお金がかかっていそうですが、客としては座ってから生年月日など伝えていると時間がもったいないので便利です。

こちらでは2人の占い師さんに占っていただきました。最初は女性のタロット占い師さん。男性につきまとわれる危険について。「逆上されても怖いから、ちゃんと断りましょう」などとアドバイスしていただきました。会話していたら、占いにはセラピー効果があるのを実感。「そうなんです、こんなことが……」などとこちらが話題を追加すると、「やっぱり！　このカードにはこういう意味が……」と占い師さんが同調してくれて、感情が盛り上がってゆき、自分の人生を2人で作り上げているような感覚に。ハマったら何でも相談してしまいそうです。対面占いは共同作業、そんな感覚に浸りました。

友人、知人に相談しづらいことを言えるのが
占いの良さ
これはなんとかしたほうがいいですよ！
やっぱりそうですよね
肯定すると占い師さんが喜んでくれて、共感と共にテンションが高まります。
自分の悩みも半分他人事に思えてきます

ガマンする機能が付いてないです

次にこちらでセッションした占い師さんは、四柱推命《しちゅうすいめい》でした。直感も強そうな女性の占い師さんに「一生やりたいようにしか生きていけない人です」と断言されました。「人に合わせられないので結婚にも向いていません。ガマンする機能が付いてないです」。ズバズバ言われて気持ちが良いです。前回の、共感を盛り上げていくタイプとは違った占い師さんでした。「水の要素をたくさん持っているのですが、大きな水はコントロールがききません。社会のルールに合わせるとしんどくなります」。たしかにおっしゃる通りかもしれません……。「あの、世の中に役に立つにはどうすればいいですか？」「人の役に立ちたいとか思わないでください。存在が人を勇気づけるみたいなところがありますので」。いっぽうで、周りの人が儲かるように考えて動くことをすすめられました。周りに利潤を生み出すなんて、今まで無縁でしたが……。これからは少しでも利益を出せるようにがんばります。「正直、なんで男性に生まれなかったんだろうと思いますね」と、最後の言葉も刺激的でした。


「占い芸人育成プロジェクト」で選抜された芸人さんに占ってもらえるコーナーもあります。ロングヘアでヘビメタファッションの橋山メイデンさんは、ヘッドバンギングしながら勢いよくタロットを切っていました。出たカードを見ると逆位置が多いような……。

「全体的に悪いカードは出ていません。ただ、お金に注意したほうが良いです」と、メイデンさん。

その、お金の不安を示すカードはたしかに暗い絵です。

占い芸人の橋山メイデンさんによる鑑定。不安を感じさせるカードが出ましたが、最後はなんとなく励ましてくれました。

「今は勢いがありますが、先の未来にちょっと不安があります。収入と支出のバランスが崩れるおそれがあります」

でも、メイデンさんは「もっと自信を持って、自分を曲げないで」と励ましてくれました。最後はポジティブな言葉で終わらせるのが、占い師が客の心を摑むコツかもしれません。

この鑑定を受けた直後、家の照明が壊れたりしましたが、支出の序章だったのでしょうか……。久しぶりに受けると、占いの言霊パワーの影響も感じつつ、当たっている部分もあってゾクゾクしました。この刺激が占いの中毒性なのかもしれません。

ライト系占い系の生態

口癖

「今が転機です」

占い師さんに毎回これを言われているし、占い好きの人もいつもこう言っている気がします。つまり人生は毎分毎秒転機なのです。

仲良くなる方法

待ち合わせに遅れたり、遅れられても「今日は水星逆行してるから」と、惑星に責任転嫁すればお互い納得。惑星トークで盛り上がります。

ディープな神社

スピ度レベル2
★★☆☆

そこに神様はいるのですか？

先日、知人とカフェで神社についてのウーマントーク（ガールズトークとは言えない年代……）が盛り上がりました。良かった神社の話よりも、ヤバかった神社の話の方がつい前のめりになってしまいます。

知人のKさんは、霊感があって神様と交信できるHさんと一緒に全国の神社を回っているそうです。

「どこの神社がヤバかったですか？」と聞くと、

「H神宮は、宇宙人に乗っ取られてますね。でももっとヤバかったのはその後に行ったXX宮。神社の境内の木が毛虫に食い荒らされて丸坊主で、その時から邪気を感じていました。夕方に宮司と巫女さんが参拝している様子を目撃したんですが、柏手が拍手みたいにパチパチって適当に叩いていて、それも変でしたね。後継者問題でモメてる神社らしいです。Hちゃんは神様に助けを求められたそうです。『もつれた糸が絡まりすぎている』と……」

「神様って万能なイメージですが、人間に助けを求めることもあるんですね」

「神様にはそれぞれ得意分野があるんじゃないですか。天候を変えるのならできる、とか。できることに限界があるのかもしれません」

「他に印象的だった神社はありますか？」

「A神社です」と、Kさんはまたもや超メジャーな神社を挙げました。

「最近行きましたが、境内に入ったとたんニワトリが急に現れて歓迎されているのかと思っていました。立派な本殿でした」

「でも、やたら高い塀で囲われていましたよね。Hちゃんは、祀られている剣を擬人化した美少年の姿を見たそうです。豪華な社《やしろ》に幽閉され、外に行きたいのに行けなくてつまらなそうにしている少年の姿を」

剣を擬人化したら美少年……それはむしろ参拝者が増えそうな萌え度の高い情報ですが、剣としてはもっと外に出て日本中を回りたいと思っているそうです。その方が剣のパワーで全国的に発展するとか。

「少年は、することもなくてつまらない、って言ってたそうです。神社のつくり自体、高い塀に覆われて閉塞感がありました」

いつかまたその神社を参拝することになったら、飼い殺し状態の美少年と交信を試みたいです。神様にもエゴがあったり、悩みやできないことがあるのなら親近感がわきます。でも一応人間としての本分をわきまえ、神様を敬っていきたいです。

ここに神様はいないですね

そんなに霊感がない私でも、ここは大丈夫なのか、と思うような神社もあります。例えば、敷地のほとんどが駐車場と化している神社とか、裏側が宮司の家の私物で雑然としている神社とか、聖域感がないところは、神様の居心地的にどうなのか心配です。一介の参拝客としてはどうすることもできませんが……。

それよりも、神様がいなそうな、というか代わりに何か別のエネルギーが入り込んでいそうなヤバい神社に遭遇したことがあります。それは神奈川県の某所に行った時。道にギラギラした真っ赤な大鳥居の神社が見えました。神社の入口の所にクレーン車が停まっていて、作業員が補修か何かをしていました。神社で遭遇することは、動物も含めて何かのサインだと捉えるようにしています。これは入口を阻まれて、入らない方が良いと受け取ってスルーしたのですが、その日の夜、かなりの悪夢に襲われました。暗闇の中、肉塊がうごめいていて、地獄みたいな場所で畏れおののいている夢です。手足や首もない胴体だけの肉塊が絡み合っているのも見えてゾッとしました。何だったのでしょう……。気になったのでその神社について調べてみたら、「体がバラバラになった状態でさまよう水子霊を供養する神社」という情報が！　どんな人も先祖をさかのぼれば水子の霊がいる、と言われるそうです。境内に入らず通り過ぎただけですが、こんなにエネルギー的に影響を受けるとは……。油断して近くの温泉に入っている場合ではありませんでした。

そして別の意味でヤバかった神社が、成田の東峰神社《とうほうじんじゃ》です。すごく珍しい場所に鎮座する社で、成田空港の滑走路の真横にあるのです。昔は地元の人に信奉される普通の神社だったのが、今はご神体もなく、空港反対派のシンボルとして存在しています。この神社の写真をサイキック系の友人に見せたら、「ここに神様

轟音とともに飛行機を真下から見られる東峰神社。警備の車が近づいてきましたが、飛行機に喜ぶ無邪気な観光客の雰囲気を出して、ことなきを得ました。

はいないですね……」とのことでした。神様はいない代わりに、人間の視線をビンビン感じる神社です。「日本一職質される神社」という呼び声が高く、白い壁の向こうには監視員や警察官がスタンバイ。いたるところに監視カメラがあり、無線で通信している音や、ピーッピーッという通信音も聞こえます。こんなに緊張する神社はなかなかありません。ただ、行った時は先客がいて、飛行機を撮影するマニアみたいな人々が集まっていたので、幸い職質をされることはありませんでした。ゴーッという音が響き、すぐ上を飛行機が通り過ぎていって大迫力です。飛行機は結構好きなのでテンションが上がりました。ただ、神社の薄暗い雰囲気や、もめているネガティブなエネルギーのせいか、軽い吐き気がしてきました。その日の夜は、金縛りに遭ってしまいました。ヤバい神社に行くと、即効で副作用が現れます。スリルが味わえるという意味ではちょっと楽しい場所でした。

ダイヤモンド4カラット2個

そして、ここ数年で最もヤバい事件が起こってしまった神社といえば、東京都江東区の富岡八幡宮です。後継者問題で敷地内で殺人事件が発生。神社で血の穢《けが》れとは最大のタブーでは……。ニュースを見た時、怖くて当分参拝できないと思いました。でも、境内の近くのお店までお客さんが少なくなってしまったり、地価が下がりかねない影響をニュースなどで見て、私も下町の住民として心中を察してあまりあるものがありました。神社自体の空気はどうなっているのか、八幡様は強い神様なので意外と大丈夫なのでは、と思い、お正月の空気で賑やかなうちに一度参拝して確かめてみよう、という思いが芽生えました。

スキが生まれないよう心を引き締めて門前仲町へ。駅の出口に「富岡八幡宮」と大々的に表示されていて、地元にとって重要な場所だとわかります。駅の出口を出て、右に行くと深川不動尊。左は富岡八幡宮。「富岡八幡宮に参拝していた人が今年は神田明神に参拝しているらしく、すごい人で2時間待ちらしいですよ」。そんな男性同士の会話が聞こえてきます。彼らは右側に曲がっていきました。私は左へ。途中警官2名とすれ違いましたが、笑顔で会話していて和やかな雰囲気だったので、大丈夫な予感がしました。境内はたしかに空いていますが、まばらですが参拝客はいます。ただ通常だったら、松の内の時期はもっと行列していたのでしょう。参道の横に、お神輿が納められた建物があり、そのお神輿にこの神社の経済力が現れていました。「日本一の大神輿」という看板には「鳳凰の目　ダイヤモンド4カラット2個　狛犬の目　3カラット2個」とか「ルビー　鳳凰の鶏冠　2010個」と、すごい金銀財宝まみれであることが書かれていました。ゴージャス神輿にみとれていたら、「全然人がいな〜い」と男性客の会話が聞こえてきました。しかし、祈禱受付のテントには何人か地元の人らしき方々がいて、楽しげに談笑する声が聞こえてきました。何事もなかったかのように……。

そして、社殿やお守りを売っているテントなど、各所にスタンバイしているバイトの若い巫女さんの人数がやたらに多く、20人はいたでしょうか。巫女さんたちのパワーで聖域のエネルギー

事件のあった富岡八幡宮にお正月、お参りしました
そんなに ドロドロしたものは
感じないかも….
ふと見たら境内は巫女さんだらけで、若い女子の
生命エネルギーで死霊を封じ込めてそうです

が保たれている感が。ただ、ともすると、神気と瘴気《しょうき》が暖流と寒流のようにせめぎあっているような……。怖くて現場の方には行けませんでしたが、ひとけのない境内の隅の「みくじ所」で待機する巫女さんたちは表情が硬かったです。

参拝し、心の中で神様に「大変でしたね……」と人間の分際ですが、ねぎらいの思念をお送りいたしました。お正月で昼間だから良いですが、夜とかは空気が変わりそうです。でも、歴史をたどれば各地の神社では時々血なまぐさい事件が起きていて、1219年には第三代将軍源実朝が鶴岡八幡宮で暗殺されたり、

1486年には伊勢神宮の外宮で武士が切腹していたりしますが、今はどちらも参拝客でにぎわっているので、富岡八幡宮も時が解決してくれるのではないでしょうか。この日の夜は、瞑想していたら鳳凰がたくさん飛び交っているビジョンが見えました。どうやら神獣たちが総出で富岡八幡宮の境内を浄化してくださっているようです。目にダイヤを入れてもらった恩を忘れない、そんな鳳凰の心意気に感動しました。由緒ある神社の浄化力を信じています。

ディープな神社系の生態

口癖

「ここにはいないですね」

神様が今神社にいるかいないかを察知できるのがスピリチュアル上級者。交番じゃないんだから、という気もしますが……。

仲良くなる方法

「蝶が飛んできたから歓迎されてるんですね」

神社の境内で珍しい動物や花に気付くのは歓迎されている印と言われています。お互い神様に歓迎されているのを確認し、盛り上がることで連帯感が得られます。

ディープ系占い

スピ度レベル2 ★★☆☆

血液型じゃ物足りない！

「表参道NIKEの横にいつも停まっている車の中で、占いをしてくれるおじいさんがいるんですよ」

「この前の占い師に何も言ってないのに家の間取りを当てられました」

……時々もたらされるディープな占い情報。出版やメディア関係の人は占い好きが多いようです。私は当たりすぎる占いは怖いので及び腰になってしまいますが……。

ライトな占い体験については71ページで既に綴らせていただきましたが、今回はディープな占いについて書かせていただきます。

優しさや思いやりを持ちましょう

まず、ゴールデンウィーク頃に訪れた「チベット・フェスティバル」。砂曼荼羅や声明、仮面舞踏や説法などが日々行われている中、「チベット式占い」というプログラムに引き寄せられました。セラ寺の高僧、ペマ・テンジン師がチベット伝統の数珠占いをしてくださるそうです。7世紀の聖者グル・パドマサンバヴァの占い経典に基づいた占いとのことで、信憑性が。2000円のチケットを購入し、予約の時間に部屋に行きました。高僧を前にすると何を聞いていいかわからなくなります。世俗的なことを聞けず「守り本尊はどの神様ですか?」と伺いました。テンジン師はお経を唱えながら数珠を数えて、「ターラ菩薩です」、と答えてくださいました。「緑色のターラ菩薩です」。不勉強で知らなかったのですが、チベットではメジャーな人間を救済してくれる女神様だそうです。これから救いを求めていきたいです。

それにしても高僧を前に人は何を占ってもらうのでしょうか。金運とか恋愛運とか、世俗を離れた人には聞けない雰囲気です。そこで「使命は何ですか?」と聞いてみました。「今は絵や文章を書く仕事をしています」と自己申告すると、高僧はまた数珠を数え出して、「タニュランタク〜トクサツギョラ〜」などとお経らしき言葉を唱えました。「絵と文章を書く姿が見えます。もう少し力を入れたら、もっと世に広がります」……心に刺さるアドバイス、ありがとうございます。さらに畏れ多くも「解脱を目指すには何をしたら良いでしょうか?」と伺ってみました。素人から急にそんな質問をされて一瞬師は戸惑ったようですが、また数珠をたぐって占ってくださいました。そして「慈悲の心を持って実践すれば正しい道に導かれます。全ての衆生の苦しみを理解するためにも自分の本性を理解する必要があります」と深遠なお言葉が。師はさらに数珠を持ち「ソ〜ラング〜カヒラタン〜テイゲヒ〜」と唱えられました。「解脱のことを考えて毎日修行を習慣づけることが大切です。優しさや思いやりを持ちましょう。弱い人、かわいそうな人を助けてあげましょう。同情心と温かい心を持つことは良い修行につながります」。チベットの高僧に優しさが足りないことを見抜かれたようでした。

リコーダーの妖精

見抜かれたといえば、いきなり一方的に占われた、というできごともありました。代々木公園で開催されたベトナムフェスに行って、公園で飲食をしていたら、向こうの方で女子の叫びが。「やだー、なんで知ってるの〜!?」。見ると、リコーダーを2本手に持った男性が吹きながら即興で歌っています。

「基本ネガティブシンキング〜一人にしないで〜」

と、初対面の女子の性格を当てているようでした。しかも即座に歌にしていて器用です。ずっと見ていたら、リコーダー男子はこちらに近づいてきました。私には歌ってくれなかったのですが、リコーダーを吹いたあと、唐突に性格診断がスタート。

「思っていることが顔に出る」「人見知りだけど信用したらめっちゃしゃべる」「最初は冷たいけど実はかまちょ（かまってほしい性格）」「自分から行くけど人間関係をスパスパ切る」など……

言われてみたら当たっているような？　「何占いですか？」と聞いたら「イメージです」とのこと。その男子は「リコーダーの妖精」と呼ばれていてテレビにも出たことがあるそうでした。何年も前から代々木公園でリコーダーを吹く青年を見かけたのですが、その時から容貌や雰囲気が変わってレゲエっぽくなったような……。ある種の妖力はありそうです。「罰ゲームでチップを集めています」と、リコーダーの妖精。そのあと、待っているような間があったのでチップを500円支払いました。

余ブンな物　整理して！

リコーダーとはまた違った癒し系の占いを体験したのは、名古屋でのこと。出張で赴いた名古屋で、時間があったので神社巡りをしていました。その途中、大須《おおす》商店街という街を歩いていたら気になる看板が。「文鳥占い」という文字が飛び込んできました。文鳥は子ども時代に飼っていた記憶があり、ぜひ受けたいと思ったのですが、雑居ビルがなかなか入りにくい雰囲気で……。勇気を出して雑然としたビルの奥に進んだら、「占い退席中」という貼り紙が。あきらめて帰ろうとしたら、部屋の中から「ピピピ」と鳥たちの鳴き声が聞こえました。「もうすぐ帰ってくるから待っていて」と言っているような気がして、しばらく待機。すると小柄なかわいい感じの女性が戻ってきました。文鳥と一緒に占いをしてくれる鑑定士の方でした。文鳥占いは台湾ではメジャーな占いのようです。オフィシャルブログには「古来より、文鳥は虫など一切食べず、菜食であることで、霊力の高い鳥だと信じられてきました」と書かれています。たしかに色も真っ白で、くちばしが赤くて、巫女さんのような純粋な姿で

怖いくらい当たる、文鳥占い。

す。これは的中するかもしれない……と緊張しつつ、500円の文鳥おみくじをリクエスト。
文鳥がおみくじを突っついて選ぶのかな、と思っていたら、どうやってしつけられたのか、おみくじを一枚くわえて持ってきてくれたので驚きました。おみくじは中吉でした。中吉というとまあまあ良さそうと思いますが、リード部分に「考えを変えて進みなさい」「心を新たにせよ」などと書かれていて、わりとシビアでした。しかも内容部分には「お勤め／心を入れかえねば駄目」「商売／このままでは利なし」というご神託が。このおみくじ、その後当たってしまいました。映画のトークイベントの仕事で訪れたのですが、お客さんが入らず申し訳なかったです。ただどの時点で心を入れ替えるべきだったのか、当日なので手遅れでした……。もう一つおまけでおみくじを引いてもらったら、そこには「余ブンな物　整理して！　ブン麻呂」とさらに耳が痛いお言葉が。神のお使い、文鳥の占いは怖いくらい当たりました。

先日、「シュシュ」という番組の「占い特集」に単発出演し、この文鳥占いの体験などを紹介させていただいたのですが、そこで珍しいいにしえの占いを体験することができました。「墨色占い」という、漢字の「一」の字を筆で描いて、そこに現れる濃淡や画相を見て吉凶などを判断するという、日本古来の占い。豊嶋泰國先生という専門家の方に鑑定していただきました。懸案事項の「先祖が成仏しているかどうか」を心に置いて「一」と書きました。墨を磨るのも十何年かぶりだったので緊張。半紙に書いたらなんと、墨が多すぎたのか「一」の最後のところが破れてしまいました。これはご先祖様がお怒りかもしれない……とおののいていたら、半紙をじっくりご覧になった先生がこうおっしゃいました。

「ご先祖様は成仏していますよ。ただ、あなたが心配しすぎている、というのがこの破れた部分に現れています」

それを聞いて安心しました。何ごとも心配しすぎ、ネガティブシンキングが良くないですね。占いにしても、影響されて悪い方に思い詰めてしまうと、そちらに行ってしまいます。占いとの距離感も大切です。

今回のように、自分から占いを探しに行くというよりも、偶然に珍しい占いと出会う、という体験こそ、運命のタイミングなのだと感じました。時々もたらされるお告げを参考にして、精進していきたいです。

ディープ占い系の生態

口癖

「血液型占いなんて誰にでも当てはまることを書いているだけ」

血液型、十二星座など初心者向けの占いは、ディープな占い好きの人にとってはざっくりしすぎているようです。

仲良くなる方法

webにも出ていない、口コミだけで伝わっている占い師を紹介する。

たまに、ファッション業界で人気の紹介制の占い師さんとかが話題になったりします。そういった知る人ぞ知る占い師を紹介し合うことで、鑑定結果の話題などで盛り上がって仲良くなれます。

死者との交流

スピ度レベル2 ★★☆☆

亡くなった母に会いに行く

スピリチュアルに引き寄せられる人の中には、亡くなった人と交流したい、という思いを持つ人も多いことでしょう。実際に私も、母や祖父母など大切な親族が亡くなったあとは、死後の世界について調べたり、死者と交信できる人を訪ね歩いたりしました。臨死体験をしたという方々にも取材すると、だいたい「死は苦しくない」「死後の世界は快適」とおっしゃるので安心しました。母や祖父母たちはきっと、現世よりもよほど素晴らしい環境でゆったりチルアウトして過ごしているのでしょう。

亡くなった母の言葉や様子をスピリチュアルな能力者に教えてもらったこともあります。高次元のイルカのスピリットとチャネリングするドルフィニストの綾子さんに、「亡くなったあと母の視野が広がり、俯瞰して見たら娘のやっていることもわかって、認めてくれた」と言われた時はかなり癒されたような気がしました。死後、親に認めてもらえることもあるんですね。

死後キャラ変した祖母

「プチ癒しフェスタ」というイベントで、母や祖母について聞いたこともありました。霊能者の男性は「お祖母さんはずいぶんきっぷのいい方ですね。『自分の思うようにいってください』って言ってますよ。孫のことを見ながら『愉快愉快』って。お母さんは手放しで喜んではいないようですね。心配しているようです。どこかで、私が思う幸せではないんだけど……と思っているようです」と、教えてくださいました。ちょっと祖母のキャラが違う気もしましたが、死後キャラ変したのかもしれません。母はたしかに心配性の一面がありました。今の生き方で大丈夫か、私も心配になってきました。こちらは全くあの世の様子がわからないので、見える人の言葉に影響されてしまいます。

アメリカの有名サイキックのロン・バードさんに母について聞いた時は、「病院で手を握ってくれて嬉しかった、と言ってます」と言われました。たしかに手を握ったシーンはありました。「しばらく大切な人は亡くならないから安心して」と笑顔で優しく言ってくださったのですが、その数ヶ月後ロンさんが天に召されてしまいました……。取材していたスピリチュアル系の先生のうち、ここ数年で3人くらい天国に行ってしまい、だんだんこの世とあの世の境目がなくなっていくようです。

別のアメリカのサイキック・ミディアムカウンセラー、リザベスさんが来日したときにもカウンセリングしていただきました。年齢不詳の美魔女、リザベスさんは優しくも的確なアドバイスをしてくださるのですが、前回は母の様子についても伺ってみました。

「数年くらい近くにいたようですが、今は近くにはいないようね」

あまり地上に引っ張られても良くないので、それは良かったのかもしれません。淋しい気もしますが……。

「なかなか先に行くことができなかったようですが、今はスピリットワールドに進んだ方が良いと思ったようです。でも、『来て』って言えばいつでも来れるわよ、って言ってます」

たしかにちょっと前に講演の仕事で緊張して、人前で話すのに慣れていた教師の母のことを思ったら、頭の中で「一緒にいるから大丈夫」と母の声が聞こえた気がしました。でも、そうやって呼び寄せるのも成仏の妨げになりそうで気が引けます……。

「〝Dear daughter、淋しいわ。愛している。一生懸命働いている姿を誇りに思います。〟と言ってます」

リザベスさんはアメリカの方だからこのようなセリフも自然なのかもしれませんが、日本人のＣＯＯＬな親子関係からすると、「愛」という単語を出されると動揺してしまいます。母も天国でキャラ変したのでしょうか。霊界では日本の国民性に囚われなくなるのかもしれません。

「あなたのことはずいぶん手をかけて育てたと言っています」

姉が急死した時、パスワードや暗証番号がわからなくて困ってイタコに姉を降ろしてもらおうと思ったことがあります
と、知人が話しているのを聞いたのですが……
実際イタコさんの口寄せを体験すると、そういった実務的なことは聞けない空気です
まだまだ生きたいそばにいたい、そう思っていたのにまさかこんなふうにあっけなくあの世に旅立つとは思いたくもなかったし、認めたくもなかったでもこうやって会いに来てくれて……
繰り返しの言葉で泣かせにきています

　やたら厳しい親だと思っていましたが、それは手をかけてくれていたということなのだと今はありがたい気持ちです。

「お母さんは向こうの世界でも働いています。地球に生まれる直前の魂をサポートしているようです。生まれる魂をハグして『いってらっしゃい』って勇気づけています」

　えっ、あの淡々としていた母がハグ……。想像つきませんが、霊界で心が解放されたのでしょうか。

「彼女は、天国は思ったところにすぐ行けるので素晴らしい、と言っているわ。ちょっとお米が恋しいようね。生きてい

る間、あまりにも人生を複雑にしすぎたと言っています。こうじゃなきゃいけない、という思いが強かったようです。シンプルに生きるべきだったと言っています」

すごくまじめに生きていたという印象でした。そんな母はあの世に行って価値観が変わったみたいです。

「人生の旅を楽しむことが大事。個人的な幸せをもっと追求して良いので、リラックスして楽しく生きなさい」

そして今も私のことをハグしてくれているそうでした。見えないけれど、何となく暖かい気がしましたが……生きている間にハグなんてなかったので、やはりちょっと違和感が。霊に対して別の意味で「怖っ」と一瞬思ってしまったことを反省します。現世に生きる身としてはまだまだ心にブロックがあります。

J-POPとイタコの共通点

そしてちょっと前には、なんと青森のイタコさんに会うことができました。「婦人画報」の取材で、日本の行方をイタコさんに占っていただいた後、母の霊を降ろしてもらう「口寄せ」の機会がありました。イタコさんは40代の方で、高齢化するイタコさんの中でも最も若く、人気の女性。緊張しながら母の名前と、死因や病名を聞かれたので答えました。するとイタコさんはお経を読んだ後、節を付けた独特な口調で口寄せを……。

「冥土の土産に何が良かろう、念仏が良かろう。極楽浄土の門の扉を押し開く〜」という前半部分は全員共通でしょうか。歌のようで引き込まれます。そしてだんだん母の言葉になっていきます

「いや、よくよくここまで気にかけて呼んでくれて、その気持ちがすごくうれしく思ったし。いやまさかこんな風にあっけなく、あの世に旅立つとは思いたくもなかったし、認めたくはなかった。まだまだ生きたい、そばにいたい。まだまだ頑張って生きたい。そう思っていたのに、いや本当にまさかこんなにもあっけなく、あの世に旅立つとは思いたくもなかったし、認めたくはなかった……」

この繰り返しの文言に妙なトランス効果がある感じがします。

「いやお風呂から上がったりすると、いやあ体がかゆかったり、何だろうな。体をこすり忘れたような感じのかゆさが残ったりして。いや胸とか背中とか、なんかかゆいなあと思ったり、乾燥かなあと思ったり……」

これは生前の病気発覚前の思いでしょうか。私も普通に体がかゆくなるのですが、何か病の兆候かと心配になります。「かゆみ　病気」で検索しようと思いました。

「まさかこんなふうにあっけなく、あの世に旅立つとは思いたくもなかったし、認めたくはなか

った……」

この部分がどうやらサビのようです。その後も何度も出てきました。

「のどの調子がおかしいなと思ったりして。いやあ、まさかこんなふうにあっけなくあの世に旅立つとは思わなかったし、いやそれに口の中に冷たい空気が入ってくるとむせたり、ちょっと動いたりするとせき込んだりするもので、ちょっと不便だなあとは思っていたもので。いやあ本当に年取ったなあとつくづく思って。いや、まさかそんなふうな重い病だとは思わなかったし、命取られるほどのものだとは思わなかったし」

ちょっと待ってください。この、せきとかも、普通に私も出ているのですが……。口寄せの症状説明、かなり不安になります。

「よくよくここまで気に掛けて呼んでくれて、その気持ちがすごくうれしく思ったし、夢の中でも会いたい、話がしたい。そう思ったり、考えてくれたりしてくれて、その気持ちがすごくうれしく思ったし」

と、このパートも繰り返されていきました。独特なリズムの繰り返しで、聴いている人は半ば催眠状態になっていく感じです。そして涙を流したりして癒されるのでしょう。自分の健康状態が不安になりつつも、イタコの癒しのパワーを体感できました。

それにしても「思ったし」とか「○○だし」という文末や、「会いたい」「気持ちがうれしい」

口寄せのための祭壇。このあと果物などわけていただき、霊妙な味に感じられました。

というフレーズ、どこかJ-POPっぽいです。あゆの歌詞を聞いているような……。口寄せとJ-POPの共通点が見つかるとは予想していませんでした。

最後は「それぞれがちゃんと毎日楽しく暮らすことができるように、ちゃんと守ってますから、安心して暮らしてください。本当に今日はありがとう。おかげさまでした」という言葉でしめくくられました。偶然にリザベスさんに聞いた母のメッセージと似ていて、やはり「楽しく生きてください」というのが亡くなった人からの共通の思いなのかもしれません。それほど現世の人は人生を楽しんでいないのだと感じつつ、やはり楽しみ方がわからず、仕事する日々です。

死者との交流系の生態

口癖

「死んでいるのも、生きているのもそんなに変わらないよね」

スピリチュアルを極めていくと、こういった意識に到達するようです。霊への恐怖も薄らぎます。

仲良くなる方法

「スピリットが守ってくれている」と、「心霊」「不成仏霊」「背後霊」といったおどろおどろしい単語は使わず、霊を「スピリット」と呼んで敬意を示すのが共通認識。この呼び方をしている同士は価値観が合います。

スピリチュアル健康法

スピ度レベル2 ★★☆☆

異次元のパワーで体を浄化

スピリチュアル系の人は、時々、現代医学を信用していないことがあります。医療ビジネスの利権や闇について思いを馳せ、できればヒーリングやハーブ、アロマなどで健康を保ちたいと思ったりします。症状が軽ければそれで良いかもしれませんが、深刻な場合は、病院にかかった方が良さそうです……。病院が苦手な私も、サイキックや気功師の方に体を診てもらったり、治してもらったりすることがあります。例えば、アメリカの有名なサイキックのロン・バード氏（故人）には、「歯茎から出血するのはビタミンが足りてないから」などと言われて、そういえば歯医者でよく出血していることに思い当たりました。先日は手相占いのマックス・コッパ氏に、「腰痛が深刻な状態になる恐れがある」と言われて急いで鍼灸院とパーソナルストレッチを予約。ラクな施術というと（施術代は少々高いですが）波動測定機「メタトロン」でしょうか。座っているだけで体中の悪い場所を波動測定し、その場で治す波動も浴びせてくれます。そう言われると気分的にはかなり治った気になれます。「病は気から」を実感。他にも様々なスピ健康法を試してきましたが、昨年、度々ひどい風邪やインフルエンザになったり、咳が止まらない症状に襲われ、さすがにその時は近所の内科へ……。スピ脳的には、抗生物質は効いているのか効いてないのかわかりませんでした。できれば薬に頼らないで生きていきたいです。

クスリ音とクスリ絵

今までの人生で一番健康効果を感じた体験は、3年に1度行われるインドの聖者の祭クンブメーラに行き（ヒマラヤ聖者ヨグマタ相川圭子さんのキャンプに宿泊）、ガンジスなどの聖なる川で沐浴したことだった気がします。2016年の時は勇気を出して頭まで水に入ったので、プチ不調がだいたいリセットされました。2019年の時は、大混雑で将棋倒しの危険があったため、足だけ浸かりました。おかげさまで外反母趾の痛みが軽

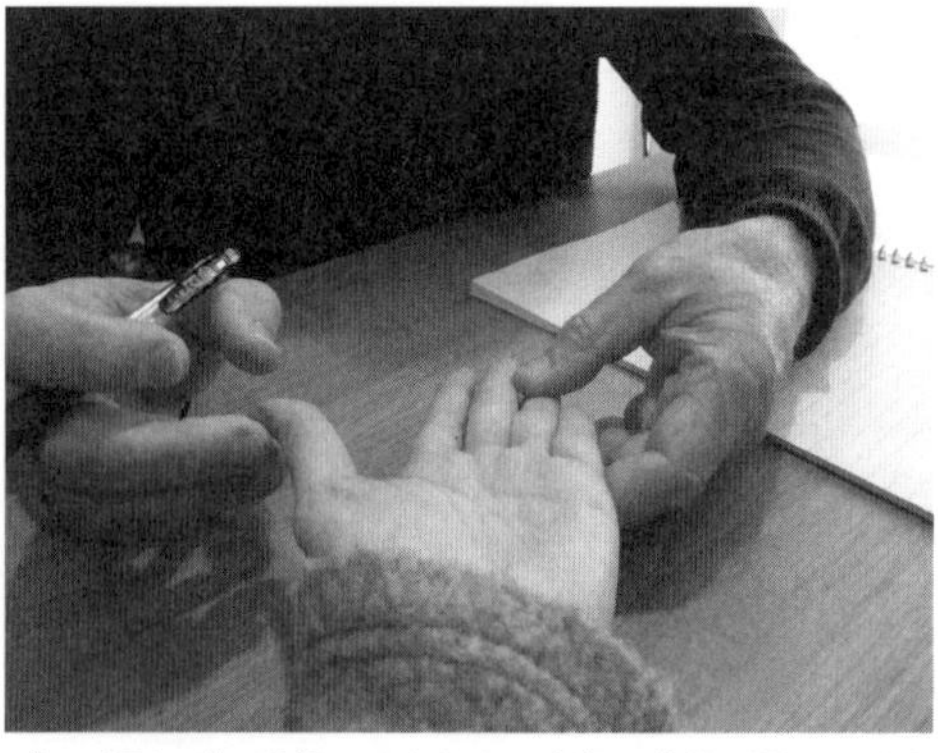

プロが見れば、手相にはあらゆる病気の兆候が見えるそうです。体に負担がない健康診断的な方法です。

減されたような……。でもインドでは熱中症や圧死しそうな混雑など、それなりの危険があるので万人にはおすすめできません。

世にスピリチュアル健康法の類いは多いですが、私の場合、最初の数週間だけ試してみて結局面倒くさくなってやらなくなってしまうことが多いです。そんな中、マキノ出版は、できるだけ負担のない、スピリチュアルな健康法を次々と提案。「ゆほびか」2019年6月号ではCDを流すだけで視力に良い効果がある「クスリ音」の特集が（「視力アップCD」をパソコンに取り込む時、なぜか「あなたへのおすすめ」の候補にメタリカや松田聖子のCDが出てきたのがシュールでした）。「天空からのメッセージ」という曲を再生すると、ふわふわした不思議な音が脳の奥に響く感じがしました。さらにスピリチュアル＆ヒーリングの出版社である、ビオ・マガジンでは「クスリ音」を監修した丸山アレルギークリニック院長による『クスリ絵 心と体の不調を治す神聖幾何学とカタカムナ』という書籍を出していて、それは症状ごとに対応した幾何学的な絵を眺めているだけで良いという手軽さ。さっそく「かすみ目」「老眼」「便秘」などの絵を凝視。また、タピオカティーを飲みすぎて膨満感があったので「胸焼け」の絵を見ていたら、胃の上部が熱くなって消化している感がありました。全然信じていない人に「気管支炎」のクスリ絵を見せたら、咳き込んでいたので、大前提として「信じる」ことが大切です。私的には効果がありそうでしたが、スマホで情報を流し見するのに慣れた身としては、一つの絵をじっと凝視し続けるのは意外と難しいものがありました。

量子的な領域で癒すドクター

先日、スピリチュアルなヒーリングと現代の医療を統合したような、「超次元・超時空間松果《しょうか》体覚醒医学」を提唱しているドクタードルフィンこと松久正《まつひさただし》先生のトークイベントに伺う機会がありました。共演するのは物理学者の保江邦夫《やすえくにお》先生で、説得力があります。しかもタイトルは「異次元スペースシップ講演会」ですでにワクワク感が。こういった講演で恩恵を受けるには、できるだけ疑念を持たず、とりあえず信じるのがポイントです。

会場の浜離宮朝日ホールはほぼ満席。クイーンの「We Are The Champions」に合わせてドルフィン先生が登場し、最初の数十分は踊りまくっており、リピーターのファンは盛り上がっていました。そして空気が十分に暖まり、先生は「DNAコードを皆さんの松果体にぶち込みます！」と景気の良い宣言。松果体が活性化するとポータルが開き、宇宙の叡智が入ってくるそうです。「異次元スペースシップのDNAを埋め込みました」「皆さんのDNAを異次元に書き換えました」などと言われて、会場のテンションが高まりました。補足しますと、松果体は脳の中に存在する内分泌器で、スピリチュアル的には第三の眼を司るとか、宇宙の信号を受信できるとか言われている器官です。魂のありかという説も。DNAコードは、通常のDNAを高次元に書き換えるプログラムなのでしょう。スピリチュアル的に高揚するだけでなく中二心も盛り上がるワードです。

「異次元スペースシップ講演会」のフィナーレで
老若男女がステージに上がり、先生と踊り
まくっていました
踊らないと
魂が死んじゃう
！
異次元感が半端
ないです
参加する勇気がありませんでした
今思えばこれも治療の一環だったかと……

お二人のトークタイムでは、過去生でドルフィン先生がレムリアの女王様で、保江先生がその付き人だった時の思い出話などが語られました。２人とも高学歴で立派なキャリアがあるので、何を言っても許される無敵感が……。しかも２人は時々意識体でＵＦＯに乗られているそうで羨ましいです。宇宙人側も、地球人の中でも有能で見込みがある人を選別しているのでしょうか。

「私は０秒で無限大の変化を起こします。どこの時空間で起こすのかというと、ブラックホールで起こします」と、ドクタードルフィンさんはおっしゃいました。

最近、ブラックホールの写真が公開されて話題になっていましたが、人類の進化にとって重要な存在だったようです。その後、先生は会場の人々と宇宙意識をつないでくださったり、悩みや体調不良があるお客さんをステージに上げて公開ヒーリングをしたりしていました。親との問題があって体調も悪いという女性を、先生は「彼女を高次元に一気に放り込みます！」と言って、会場の通路をスキップさせ、ポジティブな言葉で励ましました。「あなたのお母さんはあなたを育てるため、わざと嫌われ役をやったんですよ。お母さん、ありがとう、って言ってください」

だんだんその女性の表情が明るくなってきたような……。また、先生は格言的な言葉を話しながら必ずBGMをかけるので、言葉がよりドラマティックに感動的に心に響く効果が。イベントの演出もうまいです。なかでも感動的だったのは「あなたは選ばれた精子と卵子が合体して、あなたの魂があなたじゃないとだめな体を選びました」という言葉です。自己肯定感を持てば心身が深く癒されそうです。最後はマドンナやシンディ・ローパーなどメジャーな洋楽を次々かけて、会場中の人々が立ち上がって踊ったり、ステージに上がって踊ったりして盛り上がりました。量子力学など難しいことはわかりませんが、ポジティブに笑ったり踊ったりして、自分の症状や悩みを忘れ去る、というのが健康の第一歩です。

スピリチュアル健康法系の生態

口癖

「浄化ですから」

体調が悪い時も、これは良くなるための浄化の好転反応なんだと自分に言い聞かせます。

仲良くなる方法

「あまり人に教えていないんだけど……」と前置きして、特別なヒーラーや治療院を教えることで距離が縮まります。

オーラ

スピ度レベル3 ★★★☆

オーラの前に礼儀あり

「えっ、嘘でしょう……」

自分のオーラが写し出されたモニターを見て、目を疑いました。今年の1月、プチ癒しフェスタというイベントで久しぶりにオーラ写真を撮影したのですが、鑑定スタッフの女性が、「バイタリティありますね」と見せてくれた画面にはオレンジ色に包まれた上半身が。「オレンジのオーラはポジティブで華やか。でも、右半身が暗くなっているので、休憩を取ったほうがいいかもしれません」

「すみません、オレンジでは納得ができないので、もう一回撮ってもいいですか?」

多分、直前に撮影した友人のオーラが真っ赤だったので、その残留分子が残っているのかもしれません。私はムリを言って再びセンサーの上に手を載せました。そして念じたら、オレンジの中にも白やブルーが現れてきて、少し気持ちがおさまりました。

約1年前、仕事で行ったカンボジアの、森の中の波動が高いヴィーガンカフェで、なぜかロシア人の美女にオーラカメラで撮影してもらったのですが、その時はなんと白とラベンダーのオーラを出すことができたのです。思えば白を出すまでの道のりは長かった……。黄色、グリーン、ブルー、紫と、まるで模試の判定を上げていくように、魂の修行とともに、オーラのスピリチュアル度をステップアップさせていきました。

オーラについて、説明不足のまま話が進んでしまい、すみません。近年、単語が世の中に定着していますが、オーラとは、生体が放つエネルギーのことを表しています。色や大きさにその人の個性や心身の状態が表れるとされています。

オーラの色については、原生的な方から……、
深い赤色：プラス面／生命力にあふれている。現実主義。　マイナス面／エゴイスト、支配的、物質的。
赤色：プラス面／エネルギッシュ、情熱的。　マイナス面／短気、攻撃的、負けず嫌い。
オレンジ色：プラス面／ポジティブで華やか。カリスマ性。　マイナス面／計算高く協調性に欠ける。

黄色：プラス面／頭脳明晰、ユーモアがある。　マイナス面／神経質、臆病、わがまま。
緑色：プラス面／調和、社交的、協調性。　マイナス面／優柔不断、八方美人。
深緑色：プラス面／頭脳明晰、責任感。　マイナス面／ずる賢い、野心家。
青色：プラス面／冷静沈着、客観性。　マイナス面／冷ややか、コミュニケーション不全。
藍色：プラス面／芸術的、洞察力。　マイナス面／厳格、孤独。
紫色：プラス面／感受性、美意識が高い、直感的。　マイナス面／現実を直視しない、自虐的。
ラベンダー：プラス面／想像性豊か、神秘的。　マイナス面／非現実的、繊細すぎる。
白色：プラス面／全てのプラス部分を含む。卓越した精神性。　マイナス面／全てのマイナス部分を含む。自分を見失ってしまうことも。

となっています（撮影したオーラ写真の説明書より引用）。

オレンジのオーラからやり直す

苦節10年以上かけてやっと白いオーラを出すところまでいったのに、オレンジに戻ってしまうとは、霊的偏差値70から50くらいに下がってしまったような感覚。もちろん現実的な赤やオレンジのオーラでも良いところはありますが、アセンションを目指していた身としては残念な結果です。去年、白いオーラを出したことで、もしかしたら慢心してしまっていたかもしれません。自分は意識が高いと思い上がって、白いオーラにあぐらをかいていたようです。最近、外貨と投資信託が下がってしまっているので、お金のことを気にしていたのも一因として考えられます。初心に戻って、またオレンジ色のオーラからやり直ししなければと思いました。スポーツのトレーニングのように日々、精神修養が必要です。ちなみに白の先には金色のオーラがあるようで、まだまだ精進しなければ……。逆に、最凶のオーラは黒で、病気や死、邪悪な心などを表します。オーラカメラでは、黒は見たことはないのですが、目視で見える人には見えるようです。人と会ったあと、その人が黒いもやに包まれていたようで顔を思い出せない、という時は要注意です。ただ、オーラの色には諸説あり、その時の体調を示すという話もあるので、色によってランクがあるものではないようです。

黒までいかなくても、色が暗くなっているところには疲れや不安などが出ているそうです。現に、カンボジアで撮影したオーラ写真では、未来を表す左半身に

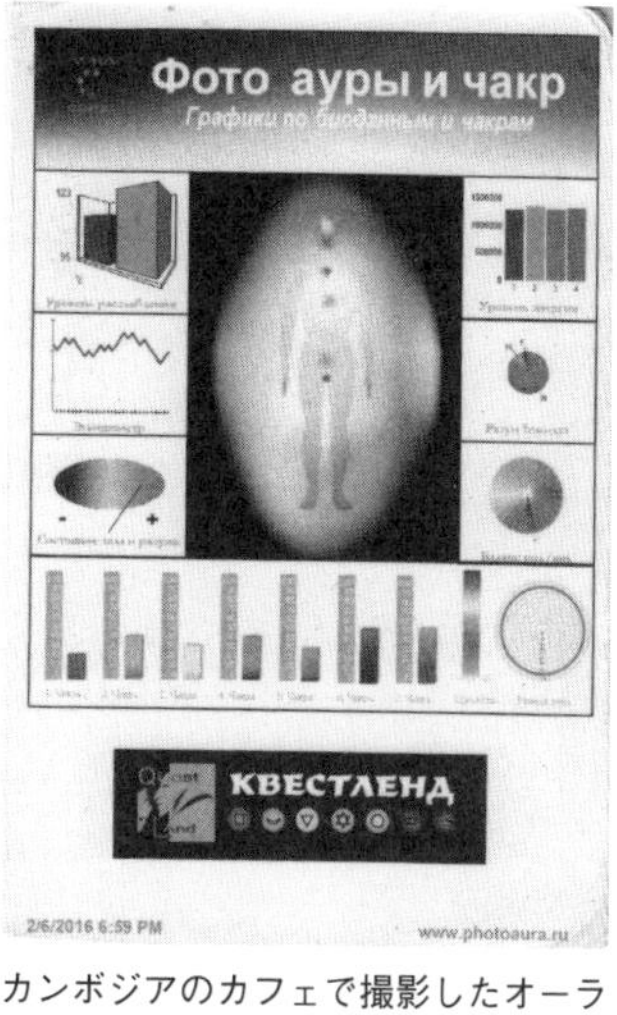

カンボジアのカフェで撮影したオーラ写真。この時は白が出てロシア美女にもホメられたのですが……。

黒い線が入っていました。ロシア美女に「将来に不安を抱いていますね」と指摘された通り、久しぶりの海外で帰りの飛行機に対して恐怖感があったので、センサーでもそれが表れていたようです。

オーラの鑑定には、

・人に見てもらう
・オーラカメラ

という方法があります。オーラカメラは、手のひらをセンサーに置き、発せられる磁気エネルギーをオーラの色に変換することができます。ロシアではオーラカメラの技術が進歩していて、なんと監視カメラで犯罪を企む人のオーラを検知するシステムまで開発されています。日本にも上陸するそうで、オーラは嘘をつけないので犯罪検挙率も上がるかもしれません。オーラカメラが密かに普及し、いつか就職の面接などで使われる時代も来そうです。私がオレンジ色のオーラを出したあと、念力で強引に白やブルーを出せたように、機械はある程度マインドの力でコントロールできる気もしますが……。

続いて、オーラを人に見てもらう方法です。スピリチュアルカウンセラーの方に謝礼を払って鑑定してもらう、というのと、見える知人にタダで見てもらう、という方法があります。というか、自称オーラが見える人は、聞いていないのにオーラの色を教えてくれることが多いです。ちょっと前にも霊能力がある知人女性に「レンガ色が見える……」とつぶやかれ、茶色っぽいオーラってこと？　と複雑な思いがよぎりました。見えるからといって、相手の許可なく、自分の力をアピールするために伝えるのは考えものです。彼女はパーティ会場でも、その辺の人に、見える色や今後の運勢を伝えまくっていて、気付いたら周囲の人から避けられていました。彼女は、何か言われそうになって足早に立ち去る人を見て「あの人、怖がってる」とか言っていましたが……。ちなみにその時の彼女の予言はだいたい当たっていませんでした。

オーラの前に礼儀あり

オーラが見えるようになったからといって、自分を過信しないようにしたいです。誰でも練習すれば、オーラが見えるようになります。薄暗い所で手の周りをボーッと見ると白いもやが見えてきます。これが第一段階です。人のオーラも黒っぽい壁の前だと見やすいです。以前教えられたもう一つの方法は、人に壁の前に立ってもらい、パッとしゃがんでもらいます。すると、残像でオーラの色が壁に映って見えることがあります。ただ、しゃがむ人は体力的に大変ですが……。オーラを見ようとすると、対面している相手の肩の周りを視線がさまよい、不審がられる恐れもあります。オーラの前に礼儀ありです。

先日、あるお芝居を観に行ったら、アフタートークの時、ステージ上の人のオーラっぽいものが見えました
赤くほとばしるオーラ
金色とブルーのハーモニー
この作品は折口信夫の影響が…
Life
聞き役の女性はオーラ主張せず奥ゆかしいです

と言いながら、先日、失礼な方法でオーラを感知。睡眠不足で伺った舞台の公演で、うとうとしかけてボーッと登壇者を眺めていたら、その人の周りに色が見えた経験をしました。やんごとなき演者さんの周りには、ブルーと金色っぽい色が二重になって見えました。舞台監督の男性の肩にはアグレッシブな赤いオーラがほとばしっています。背景が黒い壁だったのも好条件だったようです。はっきりとオーラの色が見えたことでテンションが上がり、また自分を過信してしまいそうです。ただ、オーラが見えるというのは「補色残像」といって、眼が疲れて勝手に色を錯覚して感知している説も……。「現実を直視しない」オーラの色なので、この辺は知らなかったことにしたいです。

オーラ系の生態

口癖

「私のオーラは紫色だから……」

霊性が高めの色をアピールしがち。現実世界では紫色好きは欲求不満だと言われていますが、精神世界では人気の色です。

仲良くなる方法

「オーラが黄色って言われたんだけど、どういう意味？」などと、謙虚に話しかけます。

決してその人より波動が高そうな色は言わず、現実的な色のオーラを言うことで、相手の優越感を刺激。

チャクラ

スピ度レベル3 ★★★☆

チャクラの調子が悪いのでお先に失礼します

「オーラは良いけどチャクラはちょっと……」。スピリチュアルが苦手な人にとって「チャクラ」というのは受け入れ難い概念のようです。リアリストの知人の男性に、「男にチャクラとか言ったら引かれるから絶対ダメだよ！」と忠告されたこともあります（それでも平気で使っていて「チャクラの調子が悪いのでお先に失礼します」と早く帰る理由に使ったこともありますが……）。ゲームの世界ではチャクラポイントとかチャクラパワーというワードを使っているものもありますが、「巨大なチャクラをまとう」とか用法がまちがっている感もあり、やはり男性の認識度は低いようです。

いっぽう、周りのオーガニック系美女の友人は「私は第4チャクラが弱いから……」とふつうに会話の中にチャクラというワードを入れてきたりします。オーガニックコスメのお店でもチャクラに働きかけるオイルやフラワーエッセンスが売られていたりして、チャクラ意識が高い人とそうでない人の格差が広がっているようです。チャクラはエネルギーだけでなくホルモンをコントロールしているという説があり、チャクラを活性化したらモテる気がします。チャクラ美人の友人も結構なモテ具合で、「電話がかかってきたから取っていただけなのに、付き合ってると勘違いされちゃったの」……などといったエピソードに事欠きません。

チャクラについて簡単に説明させていただきますと、インドのサンスクリット語で「車輪・円」を表し、エネルギーがらせん状に回転して渦巻いているスポットです。体の中心に沿って、縦に7ヵ所並んでいます。下から、第1チャクラ（会陰あたり）、第2チャクラ（子宮、男性器）、第3チャクラ（おへその下の丹田《たんでん》）、第4チャクラ（胸の真ん中）、第5チャクラ（のど）、第6チャクラ（眉間）、第7チャクラ（頭頂部）に位置しています。エネルギーを吸収し回転するという、自家発電装置のようです。なので、どこかが滞ったり、もしくは開きすぎてエネルギー過多になると心身に影響してしまいます。

ハートのチャクラがヘドロまみれ

例えば第1チャクラは、地に足をつけて現実的に生きる力を司っています。ここが弱いと感情的に不安定になったり無気力感に苛まれます。逆に、開きすぎだと物欲が強くなってしまいます。

スピ系サイトなどでチャクラについての記述を読むと
エロさを感じる汚れた自分を反省
頭のてっぺんから
ものすごいエネルギーが！
ぐるぐる回ってるみたい
ヨガのポーズで第1チャクラがビンビンに
「チャクラ」ジャンルのAVとかあってもおかしくないような…いつか男性がチャクラに目覚める時も来るかもしれません
チャクラは正直だな
クリスタルの棒
ピクッ

第2チャクラは、生殖器とつながっていて、創造性にも影響します。滞っていると生理不順や性に対する罪悪感を抱いたり、不感症などの問題が。開きすぎだと、性に溺れてチャクラだけでなく下半身もガバガバになってしまいます。第3チャクラはやる気や自信、第4チャクラは愛や情緒、第5チャクラは声やコミュニケーション能力、第6チャクラは直感や発想、第7チャクラは高次元とのつながりを司っています。これまでに何度か、スピリチュアルカウンセラーやヒーラーさんにチャクラを見てもらっていますが、男性ヒーラーに会陰や下半身のチャクラをチェックされていたと思うと、今さらながら羞恥心がこみ上げます。ヒーラーさんに「ハートのチャクラがヘドロまみれ」と言われて軽いショックを受けたこともありました。そのヒーラーさんに聞いて興味深かったのは、人が警戒心を抱いているときに無意識に体の前で腕を組むのは、ハートのチャクラをガードしているから、という話。チャクラのある場所は急所でもあるので、知らないうちにガードしたりチャクラを閉じてしまっていたかもしれません。

チャクラを整える方法はたくさんあり、ヨガのポーズをするとか、チャクラの音に対応したシンギングボウルを奏でるとか、チベット体操をする、太陽を浴びる、マントラを唱えるといった行為がチャクラに良いとされています。チベット体操は何年かやっていますが、惰性で適当にやってしまっているので効果は微妙です。

チャクラが心身に影響

先日、サイキックカウンセラーの角田《つのだ》みゆきさんという方（女性誌などでも人気が上昇）とご縁があり、チャクラを整える方法を教わりました。角田さんは「クリスタルのペンデュラムを使うと良いですよ」とおっしゃいました。ペンデュラムとは、よくダウジング（棒や振り子で探し物をしたり潜在意識に質問する手法）で使われる振り子のことですが、こちらのアイテムでチャクラを調整できるそうです。手に持って「第1チャクラの回転を視覚化してください」と尋ね、振り子の回転を観察。そのあと、「第1チャクラを調整してください。整えたら止まってください」と振り子にリクエスト、というのを第1から第7チャクラまで繰り返していきます。やってみる

ペンデュラムでチャクラを整える方法をレクチャーしてくださる角田さん。「使ったらお礼を言ったりホメたりしてペンデュラムとの信頼関係を築いてください」。

と如実にチャクラごとの違いがありました。第1チャクラを可視化した振り子は小刻みに震えて、「ムリしているみたいね」と見抜かれました。第2チャクラも動きが弱く、「心配性で、迷っているのにエネルギーを使ってますね」と角田さん。第3も自信なさげな回転で、「もう一息かな」、第4はゆっくり振れ幅が大きくなり「傷つきやすいけれど立ち直りも早いね」と鑑定されました。第5の動きも震えている感じで「言いたいことを言ってない。もっとなめらかに喋れるはず」。でも、スピリチュアルな第6、第7のチャクラはまあまあ良い回転ぶりでした。「もう少し楽しんでもいいみたい」など、角田さんにペンデュラムの声を代弁してもらってセッションは終了。

不思議なことに、チャクラを整えていると該当箇所が温かくなりました。帰り道は何年かぶりに鼻唄が自然と出てきたり、チャクラが喜んでいる……？　そして最近、人生的にいろいろと辛くて、朝から気分が落ち気味だったのが、チャクラを整えた日はなぜか多幸感に包まれて目が覚めました。肌も妙にツルツルだったり、チャクラがこんなに心身に影響を及ぼしているとは。歯を磨くとか顔を洗うといった習慣にチャクラ調整を入れた方が良いと思いながらも、また三日坊主になる予感がしています。

チャクラ系の生態

口癖

「チャクラが通りました」

第1チャクラから第7チャクラまでが滞りなく働いていて、地球から高次元までエネルギーの道が通った状態。

仲良くなる方法

チャクラは見える人が少なく、ほとんどの人が初心者という分野なので、「チャクラってどこにあるの?」「チャクラって何色?」など、素朴な疑問を投げかけるくらいがちょうど良いです。「ムーラダーラチャクラが活性化したらクンダリーニが上昇するんだよね」といった専門用語で自分の知識をいきなりアピールするのはやめた方が無難です。

気功

スピ度レベル3 ★★★☆

ヨガでは決して得られない刺激的体験

「ヨガブームの次は気功が来ても良いと思うんです」

と気功をはじめて3年の美女が言うのを聞いた時、私もそのムーブメントを応援したいと思いました。言われてみれば、ヨガではプラーナという気を取り入れたりするので、気を集めて練る気功と共通するものがあります。ヨガはセレブが次々と参入し、おしゃれなイメージが定着していますが、気功はもっとガチな感じです。そのせいかいまいちブレイクしきれていないようです。

以前取材した有名な先生の道場では、先生がちょっと手を動かすと、皆がバタバタ倒れて微動だにしなくなる、という驚きの光景を目にしました。「こうやって遊んでいるんです」という先生の陰陽が入り交じった笑顔が忘れられません。気功に集まる人々は年齢層が高く、健康に気をつけている人々、という印象でした。Tシャツやスウェット姿でトレンド感は薄かったです。

気は作り出せる

先日はまた別のカリスマ的気功師の先生が開いている気功教室の体験レッスンを受けに行きました。費用は3000円と結構お手頃です。参加者は約10人。男女半々で、年齢層は高めです。

最初にただ静止する、という気功を行いました。体を長時間静止させるのが苦手で、急に体が緊張してこわばったりするのですが、なんとか美人の先生の声の誘導に集中し、平静を取り戻しました。足は肩幅くらいに開き、体の力は抜いてただ立っています。現代人の生活で同じ場所にずっと立ち続ける、ということはなかなかないので意識しだすと違和感を覚えます。パーティにしたって、ずっと立っているように見えて料理を取りに行ったりしています。すごく長く感じた立っているだけの時間のあと、手を上下に動かすという気功に移りました。下腹部の丹田《たんでん》のあたりに手を重ねて置き、暖かい気を感じたら、その気のボールを両手で顔の前に上げて、また下げて、と繰り返しました。だんだん手の中にふわっとした感触を覚えてきました。意外と気のボールはすぐにできるようです。

「顔の前で手をとめて、額に気のボールを入れてください」と、先生は私の気に手を添えました。その時、なぜか自分の気のボールに対して所有欲を抱いてしまいました。自分の気のボール、誰にも触られたくない、という……。バッグやスマホを取られたくない、というのと近い、大切な所有物という思いが芽生えていました。そして気付いたのは、こうやって自分の気が、服とかバッグとか物にくっついているから、物を捨てられなくなるのだということ。自分のエネルギーを失いたくなくて、愛着だけでない執着心が芽生えるのでしょう。それは自分のエネルギーが減ってしまうという思いがあるから。こうして気は生きている限り自分で作り出せるとわかれば、過去の自分の気が惜しいとか思わなくなって、断捨離も進むように思います。

そんなちょっとした発見もあった有意義な気功教室。後半は、観音気功というちょっと難しい気功を習いました。手で蓮の花を作るという優雅な所作。「いいですね、上手です」と美人の先生がほめて鼓舞してくれます。ヨガにまけないエレガントな振り付け。気功のポテンシャル感が高まります。

しかし最後に、気功のポテンシャルが別の方向性で爆発しました。レッスンのあと、気功の先生が「合気《あいき》」といって皆に気を送ってくださる流れになりました（そう考えると3000円はコスパ高いです）。

「目を閉じていると効果が高まります。最初立っていて、座りたくなったら座ってください。もし動きたくなったら自由に動いてください」とのことで、動くとは？　と思いながら、静かに立ちました。薄暗くなった部屋で先生の霊気みなぎるシルエットが浮かび上がります。何か暖かくなってきたような……。

先生の気を受けた人々に異変が！激しめの好転反応でしょうか
体を叩きまくる人
バン
バン
嗚咽
ヴワ〜〜
アァァ〜
ゲホ
ゲホ
地団駄
ドス
ドス
えびぞりでもした方がいいでしょうか…
そのあと何ごともなかったようにロビーでお茶を飲む人々
かなりスピ上級者向けです

阿鼻叫喚の不協和音

目を閉じていたら、しばらくして横の方で「シャカシャカ」という音がしてきました。つい薄目で見ると、同じ列の男性が激しく上下に振動しています。これが気で勝手に体が動く現象でしょうか。私も何か動いたりしないかなと思い体に集中したら、手がふわっとゆっくり上がっていきました。しかしこの道場ではそんな些細な動作は動きのうちに入りません。

「バタバタバタ！」という大きな音がしました。どうやら横の人が地団駄を踏んでいるようです。さらに、「バンバン！」「パンパン！」という激しめな音があちこちから聞こえてきました。自分で自分の体を殴ったり叩いている人が何人もいるようです。ちょっと涙が出てきたのは浄化作用でしょうか。その間も先生は体を軽くゆらめかせ気を送っています。そして「バンバン！」と激しく体を叩く周囲の人々。自罰的なタイプが多いのでしょうか。顔や体など肉体を直接ベシベシ叩いている人もいます。さっきまでのおとなしそうな方々が「あばれる君」「あばれるさん」に豹変するとは。

しばらくして、ななめ前から激しい嗚咽《おえつ》、もう慟哭《どうこく》と言ってもいいくらいの声が聞こえてきました。「ぅぅぅ……」。あぁあああ！」。薄目を開けると、四つん這いの女性が号泣していました。「うぁあーん。あぁぁぁ」。動揺してはいけないと思いながらも、生で聞く人間の号泣の声の影響力は大きいです。これも心を平静に保つ修行なのでしょうか。

本書の気功教室とは別の教室ですが、先生がちょっと手を動かしたら生徒さんがバタバタ倒れて微動だにしなくなるシーンを目撃したことがあり、衝撃的でした。

「ぐあぁぁ、グフッ、ゴホゴホグゲゲゲ」嗚咽から嘔吐《おうと》しそうな感じになってきました。聞いているだけで苦しくなってきます。一口ゲ◯がこみ上げてきました。

「バンバンバン!」「ペチペチ!」さらにあちこちから体や頰など自分でスパンキングする音が。「ググググ! グオーグオーグホ!!」激しく叩く音と内臓を絞り出すような音の阿鼻叫喚《あびきょうかん》の不協和音。目を閉じて座りながら、同調しないように必死でしたが、音が脳に入ってきて抵抗できません。

「グオーゴエーー!」彼女はよっぽどたまっていたのでしょうか。そして油断した瞬間、「バンバン!」と床を叩く音、そして背後の人に時々蹴られたりしながら必死で時が過ぎるのを待ちました。意識に変容が起きたのか、誰かが自分の体を打つ「パン!」という音とともに頭の中でフラッシュが光りました。もう数時間にも思える30分の後、先生が姿勢を正し、顔や目をこするように促して、気の供給タイムは終わりました。この日、気になっていた肩の痛みがほとんど治っていたので、先生の気の霊験を感じました。

しかし、無防備な半覚醒状態で知らない女性の泣き叫ぶ声のヴァイブスを浴びたせいか、その夜寝ていたら「ウグググ……ググ…」という自分のうなり声で目覚めました。夢は友人にハブにされる悪夢的な内容で朝から体が重いです。もしかしたら私も自分で自分の体を叩くべきだったかもしれません。あの行動は邪気が入らないように自己防衛するためだったのではないかと、あとから思いました。大きな音を鳴らすと悪いものは寄ってこれないと言いますし……。初心者なので勝手を知らず、邪気をもらってしまった感が。三日ほど悪夢にうなされました。それも浄化だったのでしょうか。

でも、ヨガでは得られない相当刺激的な体験ができました。日常に退屈したらまた受講するかもしれません。気功は「おしゃれ系」というチャラチャラした枠にはおさまらない、「畏《おそ》れ系」でした。

気功系の生態

口癖

「丹田に力を入れて……」

気功系の人はとにかく丹田という下腹部のポイントを重視します。さらに「肛門を締めてください」とセットで行うことも。

仲良くなる方法

「良い気を感じる」と相手をホメれば仲良くなれます。「今、風が吹いたような感じがした」という表現もおすすめです。

守護霊

スピ度レベル3 ★★★☆

低級霊との見極めが肝心

ふだん、自分の中で自問自答し、問いかけたら答えが返ってくることはよくありますが、それとは別に、何の脈絡もなく、時々頭の中で声がします。

「私の星では女性は劣化しません」
「今日はラモスがはじめて日本に来た記念日です」
「たまにはお菓子の代わりに肉を食べなさい」
「その症状はこむら返りです」
「明治時代の女性はハンケチを持ち歩いていましたよ」

など……。一体誰の声なんでしょう。守護霊的な存在からのメッセージのようなものもあり、通りすがりの浮遊霊の攪乱させるようなメッセージも混じっている気がします。ラモスが来た記念日とかは絶対ガセです。

ただ、守護霊とコンタクトできるという人が周りに何人かいるので、私も憧れて、自分のところに来た変なメッセージを真に受けてしまったこともありました。例えば「モルガンに行くように」という声がしたので、縁もゆかりもない丸の内のＪＰモルガンのビルまで行ったのですが、特に何もありませんでした。無駄足でした。このようなフェイク霊界通信がある中で、たまに役に立つメッセージも。

おしゃれなゲイのイルカ

前に、イルカの高次元のスピリットがついている、と、チャネラーのドルフィニスト綾子さんに教えていただいたことがありました。イルカの守護霊がいると言われるとスピ脳的に嬉しいです。おしゃれなゲイのイルカだそうで、今まで服を買う時にアドバイスをくれていた存在かもしれません。頭の中で、こっちの方がいいとか、この服は顔色が悪く見えるとか、試着した方がいいとか、この店に良い服との出会いがある、とかパッと情報が飛び込んできます（おかげで結構な支出になったりしますが……）。高次元といってもわりと人間に近い次元のようで、親身になってくれます。

ただ、見極めが重要で、中には守護霊を騙っているけど実は憑依霊だったパターンも。霊感の強い知人は、昔、守護霊と同居していて、一緒にテレビ番組を観て笑ったりしていたそうですが、その守護霊が周りの人の悪口ばかり言ってくるので、おかしいなという思いが芽生え、問いつめたら守護霊ではない低級霊であることが判明し、どこかへ消えていったそうです。でも「これから行く建物は階段が急だから気を付けて」という、具体的で有益なアドバイスもあったそうで、素人にはなかなか見極めが難しそうです。

『オープニング・トゥ・チャネル』（サネヤ・ロウマン＆デュエン・パッカー著、中村知子訳　ナチュラルスピリット）という本には、「ガイド」と呼ばれる守護霊の見極め方が紹介されていました。「ガイドといる時も、人と接する時と同じように、判断力を用いてください」。つまり、人間に対するように、相手の印象を直観で判断するということですね。高次元っぽい語り口調だからといって盲信せず……。

高次元のガイドの特徴については、以下のような説明が。

「高次元のガイドたちはあなたの道を照らしにきてくれます。彼らの唯一の願いは、あなたのより高い善を実現することです」

「高次元のガイドたちは、怖がらせたりエゴを助長したりはしません。あなたの進歩をほめ讃えてくれますが、お世辞を言ったりはしません」

「彼らは何かを『しなければならない』とは絶対に言わないし、個人的な人生に決まった結果をもたらそうともしません」

「高次元のガイドは往々にして謙虚」

「未来の出来事を予知することはめったにありません。もし予知するとしたら、その情報がみなさんや人類の成長のためになる場合だけです」

「(つながると）高揚感や自己肯定感があるはずです」

「表現が正確で、少ない言葉で多くを語ります」

端的で深遠な言葉を語る、いかにも高次元っぽい啓示が来るようですね。ラモスとかモルガンとかは言わなさそうです。


いっぽうで低次元ガイドの特徴は……。

「恐ろしい天災を予知して、人々の間に恐怖を巻き起こし感情をあおる」

「将来お金持ちや有名人になることを告げ、人のエゴを虚偽の力で育てる」

「激しい感情を育みそれを引き出そうとします」

「不正確であまり重要ではない情報を伝え、ただ時間を浪費させます」

「一見深遠に見えてじつは何の価値もないことを語る」

「彼らが近づいてくると感情的な恐れや痛みや不安定さを感じる」

だそうです。もしかしたら、高次元よりゲスで刺激的で、こちらの方に惹かれてしまいそうです……。

他の見分け方としては、ガイドが来たら「光からやってきたのですか？」と聞いてみる。「イエス」と答えたら高次元です。万一、低層アストラル界など低い次元から来た存在だったら、「もし、このような者たちと遭遇したら光の方へ行くように命じてください」と、こちらが高圧的になっても良いそうです。「光の方へお行きなさい！」と有無を言わさず命令。低次元霊にはナメられないようにしたいものです。

本には、トランス状態になって守護霊とコンタクトするエクササイズも紹介されていました。さっそくゆったりとラクな姿勢で座り穏やかな呼吸を……していたら、いつの間にか居眠りしていました。夢の中で何か受け取っていたのかもしれませんが。やはり素人は自力では難しいので、サイキックの人に頼りたいです。

仕事にフォーカスしすぎている

来日された時にセミナーやセッションを受けさせていただいているウィリアム・レーネンさんに、先日お話を伺うことができました。

「私にはどんな守護霊様がついていますか？」と質問したところ、

個々の人についているスピリットはこんなにいるそうです
(出典/「心がポジティブに穏やかになる本」ウィリアム・レーネン)
スピリット・ティーチャー(リーダー)
ゲートキーパー
プロテクター・ガイド
スピリット・ガイド
ジョイ・ガイド
マスター・ティーチャー
動物のガイド
哲学のガイド
戦士のガイド
天使
探求のガイド
(守護霊同士モメたりしないのでしょうか?)
人間は絶対ぼっちではないとわかって心強いです

「何人かいますが、今日側にいるうちの一人は、母方の先祖でしょうか。つながりのある男性がいます」とレーネンさん。それは嬉しいですが、頼りない子孫で申し訳ない気もします。

「ガイドの男性は、昔、世の中を変えたいと思っていました。伝統や階級制度に違和感を抱いていたのです。周りの人と違う個性的な格好をして、文章や絵を書いたりして意見を表現していました」

レーネンさんに、ご先祖様である守護霊がビジョンを送って伝えてくれたようです。何時代かわかりませんが、今の自分と通じるものがあるような……。そして先日、半ば無意識に、天皇家の様々な問題が発端に身分が平等になっていくという内容の原稿を書いたのはご先祖様の導きだったのかもしれません。ただ、私一人の力では、格差社会をどうこうできない気もしますが……。

「そのガイドは、なめ子さんが仕事にフォーカスしすぎている、と心配していますよ。自分の肉体や感情が必要としているものを探して満たしてください」

このようなセッションを受けると、必ずといっていいほど仕事をしすぎだと心配されます。でも、守護霊のいる世界も休憩できるというわけではなく、それなりに忙しいみたいですが……。

他にガイドについて伺うと、

「青い鳥がついています。歩いていて立ち止まりたくなった時は、この鳥が働きかけています」

そういえばこの日、来る途中の道で立ち止まってお寺の花などを眺めていました。青い鳥というのも縁起が良さそうで嬉しいです。他には、転びそうな時に支えてくれている、手が4本ある宇宙人もついていてくれるそうです。つまずいてギリギリ転ばないことが何十回もあるので、ありがたいです。

タイ料理が好きな理由が判明

「それから先週セミナーに来てくれた時、なめ子さんの隣に女性のスピリットがいましたよ。隣の女性が何か察したのか体をよけていましたよね」とレーネンさん。

霊と言われるとゾクッとしますがスピリットと言われると怖くないのが不思議です。些細なことですが、守護霊はずっと椅子に座らず立ちっぱなしなのでしょうか。何か申し訳ない気もします。

「彼女はタイ人の女性です。過去生で一緒にシャーマンをしていたようです。もっと霊的なことをしなさい、メディテーションをしなさい、と言っています」

瞑想は毎日やっていたものの、忙しいと時間を短縮しがちでした。守護霊様にはお見通しです。そして、なぜかタイ料理が好きな理由が判明しました。

その後、1人でタイ料理屋にふらっと入り、遅めのランチ。守護霊様が喜びそうなものを単品で次々頼んでいたら1800円に。守護霊接待はお金がかかります。でも、お世話になっているからたまにはいいかなと思いました（守護霊様には時々、ありがとう、と感謝を表すと良いそうです）。おかげで、ちょっと運気アップした感が。次は、母方の先祖の霊が喜びそうな和食にでも行った方が良いでしょうか……。

守護霊系の生態

口癖

「守護霊のお手配がありました」

守護霊と密になると、守護霊づてで仕事が来たり、スムーズに旅行などできるそうです。たまにスピリチュアル上級者からこのワードを聞きます。

仲良くなる方法

「私の守護霊が○○さんのことホメてましたよ」と守護霊づてに評価する。

たまに守護霊と話せる人から言われると高次元のお墨付きをもらったようで嬉しいです。

チベット

スピ度レベル3 ★★★☆

チャーミングなダライ・ラマ猊下《げいか》

チベットという単語を聞くとテンションが上がります。高校時代に中沢新一先生の『虹の階《かい》梯《てい》』（ラマ・ケツン・サンポとの共著）を読んでから、チベット密教に憧れ、ダライ・ラマ法王が自分にとってのスターでした（今ではヒマラヤ聖者推しですが……）。はじめてダライ・ラマ法王の来日イベントに2003年に伺ってから、たまに来日講演会に参じております。低く響く声や自然体でチャーミングなお姿、どんな科学者とも対話できる頭の良さなどに魅力を感じています。観音菩薩の生まれ変わりというのも壮大なロマンで人智を超えており、聖者フェロモン的な何かが漂っているようです。半分肩を出されているからでしょうか、女性ファンも多いようです。そんなダライ・ラマ法王の過去に講演会で見た思い出深いシーンを挙げてみます。

フォト？　OK、OK

2003年の講演会では、午前の部が終了したところで、後方の席から白ずくめの装束の女子3人が花束を掲げて法王猊下の方に近づいていきました。SPに阻止されていましたが、法王を神格化し崇めているのが伝わってきました。ダライ・ラマ法王ご自身は「私はヒーリングパワーも持っていない、皆さんと同じたった一人の人間です」と謙遜していましたが……。声のバイブレーションにすでに癒しの力があるような気がします。

2006年の講演会では、畏れ多くも猊下に萌えそうになりました。通訳さんが訳す間、法王は無邪気な様子でマイクにいたずらしたり、帽子を着脱したり、客席に笑顔で手を振られたりと少年のようで、客席からは「かわいい」「お茶目だね」という声が。仏の化身にそんなご感想を言ってカルマ的に大丈夫でしょうか？　法王にハマりだすと、一般男に対しては霊的にもスペック的にも物足りなくなってしまうので危険です。法王はさり気なくロレックスの腕時計をつけこなしていたりしておしゃれ菩薩です。「私に不思議な奇跡を起こす力を期待しないでください。一人の人間として話をするために来ました」と講演中におっしゃっていたのですが、この日の質疑応答では、法王に超能力を求める人々からの珍質問が続出。「私は何者かに操られています。助けてください」と訴える男性や、「法王様、光のエネルギーを放ってください！　皆さんで感じましょう！」と無茶ぶりする中年女性がいました。さすがの法王も苦笑し「I don't know.」

と宣《い》われました。

２０１６年の講演会では、ダライ・ラマ法王の包容力に惚れそうになりました。「慈悲を高めることの大切さ」がテーマの、波動の高い講演会。後半、勝手に写真を撮るお客さんがいたのか、写真撮影を注意するアナウンスが流れました。すると猊下は「フォト？　ＯＫ、ＯＫ。ノープロブレム」と許可し、慈悲の心をお見せに。後半はシャッター音が鳴り響き、拡散されてゆきました。ＳＮＳ時代に則したご判断に感じ入りました。まさに神判断です。

波動が高すぎるお話

先日、ダライ・ラマ法王の来日イベントではないですが、有楽町の相田みつを美術館で「チベット・フェスティバル」が開催されたので行ってまいりました（ダライ・ラマ法王日本代表部事務所主催）。ＧＷの９日間にわたって、砂曼荼羅制作や声明、瞑想、説法や仮面舞踊、占いなどが

2016年の講演「思いやりのこころ――幸せへの鍵」の中で写真撮影を許可してくださったダライ・ラマ法王。

行われる素晴らしいイベントで、通し券1万3000円というのは魅力的ですが、買ったらGW中どこにも行かないで通ってしまいそうだったので、2000円の一日券で伺いました。

砂曼荼羅の部屋に入ると、僧侶が4、5名、粛々と砂曼荼羅を制作されていました。5色をベースにした極彩色の、日本人の感覚にはない色合いが目を引きます。極楽はこんな色の世界なのでしょうか。筒の先端から、微細な振動で砂を出すシャカシャカいう音が響いています。腰を折り曲げた姿勢は体に負担がかかりそうです。「集中力えげつなくない？」若い女子が話すのが聞こえてきました。「ギャラいくらなんだろうね。4万じゃすまないよね。40万？」そんな下世話な推測が。神仏に捧げる行為なのでたぶん無償だと思われます。絵が得意な人は線を描き、苦手な人は塗るという漫画家とアシスタントのような分業が行われているようでした。素人目には皆すごい技術に見えますが……。

この日は、セラ寺の高僧の法話を拝聴することができました。「苦しみや問題は無明より起こってきます。業と煩悩によって、過去から起こってきます。前世の悪い習慣が生を受けてさらに悪くなっていく。悪い習慣が心に種をまき、それが実って苦しみになります」。厳しくも真理を突いたお言葉。「釈尊は三昧（宗教的な瞑想）だけでは解脱を得られないと知り、さらに瞑想の修行を重ね、6年苦行したあと、三昧と菩提心が必要だと気付かれました。空性を悟る知恵が必要です。釈尊は菩提樹の下で瞑想され仏陀の境地に至りました。……」。波動が高すぎるお話で浄化され、異様な眠気が……。「私たちが知覚を持つときの5つの対象があります（色、音、香、味、触）。5種類とも、心に留めておくための箱のような知覚があります。5種類の知覚は5つの知恵につながっています。鏡のような知恵、見たものをそのまま取っておく知恵です。鏡のような知恵にうつったものを見て分別する作用をする知恵もあります。行為を達成する知恵もあります」。高度すぎる内容です。でも不思議と、会場にいる時は、場のバイブレーションのせいか理解できている感じがしました。あとから読むと難解でわからないのですが……。こんな難しい概念のチベット語を即訳することができる通訳さんを尊敬。「25種類の荒い意識を自在に操れないと瞑想は難しいです。そのため脈管を使います。眠る時は五感と関係した荒い意識が止まっていきます。体の中に遍満する気があるので眠っても死ぬことはありません」。そして、法話は、死ぬ時の感覚にまで及びました。「私たちが死ぬ時も意識が微細になってだんだん弱くなっていきます。目が弱くなる。鏡の知恵が弱くなる。形ある対象を知覚するものが弱くなる。その時、遠くに水のようなものがぼやーっと浮かんでいるような現れがあります。地と天の間の蜃気楼のようなもの。この逃げ水を『水としてとらえる現れ』と呼びます。続いて、耳などの感覚器官がおとろえてきます。灯明が闇の中で燃えているような現れがあります。次に、ホタルが飛んでいくような現れがあります。それから、火花が散っているような現れ。灰の中の燃え残りをかき回した時、燃え上がるような現れがあります。荒いものが全てなくなった時、お医者様は『亡くなりました』、と言います」。チベットの高僧からリアル「チベット死者の書」を聞けたようで感無量です。そして死んだ後に見えるビジョンがいかにもという感じで怖いです。逃げ水とか灯明とか、暗闇の中で見せられて逃げ場がないなんて、どんなお化け屋敷よりも恐怖度が高いです。

若いチベット僧はふつうにスマホを見ていたりしました
適度な日焼け肌
たくましい腕
キレイ？
アクセサリーをすすめてくれる時などちょっとチャラい雰囲気が……
でも、声明の時は一変し、真剣な表情に
キリッ
このギャップでラマ萌え度UPしました
煩悩をお許しください……

業をスマホにたとえる

質疑応答タイムでは、まじめそうな女性が「死んでから次に生まれ変わる時、自分の意識はどこまで続きますか？ 次の生まれ変わりを自分で選べますか」という質問をしていました。そういえばぜひチベット僧侶に聞いてみたい良い質問です。高僧のお答えは、「死ぬと荒い意識は弱まっている。今、私たちが感じている知覚は眠っているような状態になります。知覚というものは知覚の種子を意識に残します。意識が残るかどうかはその人によります。また、来世は自在になることではありません。行為の結果で変わってきます。美醜や貧富、その人自身の業で変わってくるので、自由にはなりません。iPhoneは同じバージョンだと同じ性能ですが、人の場合は、以前積んだ業によって姿形、知能、お金持ちかどうかなど結果が違ってきます」

スマホまで喩えに出されてわかりやすいです。でも、おっしゃっていることはシビアな業（カルマ）の法則。世界の王族とかは、美男美女でさぞ素晴らしいカルマを積んで来られたのでしょう。でもこうやって快適な会場でチベット僧侶の教えを受けられる日本人も、悪くないカルマな気がします。

会場に置いてあったチベット仏教普及協会のパンフを見たら、講座名が「菩提道次第（ラムリム）」「前行道場――六加行法」「ツォンカパ『縁起賛』の解説」「倶舎論と大乗阿毘達磨集論」などで、ガチでした。ミーハーに、チベットの高僧ステキ〜と言うくらいにしておきます。

チベット系の生態

口癖

「リンポチェの来日法要に行きました」

リンポチェとはチベット仏教の僧の中でも位の高い特別なラマにつけられる称号。超メジャーなダライ・ラマ法王だけではなく、マイナーなリンポチェも知っているということをアピール。

仲良くなる方法

ガチではなくハードルが低いチベット文化として、チベット体操いいよね、と美容トークなどでも盛り上がれます。古代チベットの僧侶の儀式をアレンジしたとされる、生命エネルギーを強化する若返りの体操です。

スピリチュアル美容

スピ度レベル3 ★★★☆

スピの力で年齢を超越

スピリチュアル系の女性、とくに〝先生〟と呼ばれる立場の方々は美しく年齢を超越している方が多いです。

ただ注意しないとならないのは、ポジティブなアンチエイジング美女と、ヴァンパイア的なアンチエイジング美女がいる、ということ。ポジティブなスピリチュアル系美女は、精神性の高さが人相や透明感に現れています。悟りに近づくと人は無邪気になって、いつまでも少女のような空気感を醸し出します。いっぽうで、魑魅魍魎《ちみもうりょう》がうごめくスピ界には、人のエネルギーを吸収して若さを保っている妖怪的な女性もいるので要注意です。よく言われる「エナジーヴァンパイア」系（人のエネルギーを奪う）でしょうか。本人は妙に若いのですが、会った人は異様な疲労感に襲われます。スピ系の取材で、何度か同行の男性スタッフが具合が悪くなるという場面に遭遇しました。でもその美女本人は悪気はなく、無意識のうちにできてしまう技なのだと思います（自分がそうなっていないように気をつけます）。ポジティブなスピリチュアルビューティの女性たちは、会うとこちらも癒され体が軽くなる感じがします。

スピリチュアル界の先生方は年齢を超越した美女が多いです
KR女史
ジャスムヒーンさん
人格が素晴しく、ピュアであるのはもちろん、経済的な豊かさも感じさせます。生活レベルも高次元……
反対に要注意なのは人のエネルギーを吸い取るスピ系美魔女
異変を感じたら目を合わせないようにしてください

年齢をクリーニングする

例えば、「ホ・オポノポノ」というハワイに伝わる浄化法を伝道しているKR女史。「ホ・オポノポノ」の主な手法は、「ありがとう」「ごめんなさい」「許してください」「愛しています」と唱えることで潜在意識にある負の記憶を浄化するというものですが、常に浄化しているKR女史は肌に透明感があり、目は少女のように輝いて、体形もシュッとしていてとてもお孫さんがいるとは信じられませんでした。ナチュラルビューティの極みです。ハワイはおいしいものが多くて、年を重ねると太ってしまいそうですが、「ジャンクフードが食べたくなるのは過去の記憶から来るものなので、その記憶をクリーニングすれば、本当に体が欲しているものではないとわかります」とインタビュー時に語っていたKR女史の言葉に説得力がありました。まず、自分の年齢をクリーニングし、「○歳だから何をしなければならない」という記憶から自由になることが大切だともおっしゃっていました。だから年齢不詳の美しさを保っているのかもしれません。私もできれば年齢をクリーニングしたいですが、マッサージのカルテ記入やアンケートなど年齢を記入しないとならない時に現実に引き戻されます……。

KR女史に負けず劣らずのアンチエイジング美女が、「不食《ふしょく》」（ブレサリアン）のジャスムヒーンさん（211ページにも登場）。彼女もお孫さんがいるそうですが、内側から輝いていてハッとする美しさ。ほとんど何も飲食せず、光のエネルギー（プラーナ）で生きていらっしゃるそうで、多幸感にあふれていました。大切なのは「瞑想」「祈り」「マインドをコントロールする」「食事を軽くする」「体を寺院のように大切に扱う」ことだとおっしゃっていました。ライトボディ（光の体）に近付いたら、基本、液体だけでもOKだそうです。彼女のセミナーに2日間も通いながらランチにサルシッチャのパスタを食べてしまったことを反省しています。

一般人としてはなかなかこのような境地に達するのは難しそうです。でも癒し系のイベントやセミナーなどで、受け身で施術を体験するスピリチュアル美容もあります。

魂の本質が出てくるようなメイク

ちょっと前に「癒しフェア」で体験したのが、「スピリチュアルメイク」というもの。「アネモネ」2019年3月号でも「スピリチュアルビューティ入門」が特集されていますが、その記事でもフィーチャーされているスピリチュアルメイクアップアーティストのKIKIさんという美女がミニセッションをしてくださいました。

その人のハイアーセルフ（高次元の自己）にアクセスしながら、魂の本質が出てくるようなメイクを実践。KIKIさんによると、「メイクは宇宙に放っている意図」だそうです。まず言われたのが「人にエネルギーをあげすぎですね。ファンデーションを顔の横側まで塗っているのに現れています」ということ。普通に側面まで塗布していましたが、ファンデは人との境界線を表すそうです。チークやシェードを入れることで不必要なものをはねのけることができます。入れる時は顔の側面に数字の3を描くと良いなど、豆知識を教えてくれました。眉間が広いとNOと言えないので、眉頭を足すのも良いそうです。途中、ハイアーセルフが乗り移った感じで「子どもの頃の空想の世界を思い出して〜もっとワールド全開にしていいよ」「いつもクローゼットの中に隠れているような子でしたね〜」（時代的には押し入れでしたが）「一人で淋しかったよね〜

誰にもわかってもらえなかったよね〜」と、心の波長を合わせてKIKIさんも涙ぐんでくださいました。思わず目頭が熱くなり、感動して女性はちょっときれいになる、という効果もありそうです。ハイアーセルフにやたら「なめ子ワールドもっと全開にして！」と言われ、少々プレッシャーを感じましたが……。

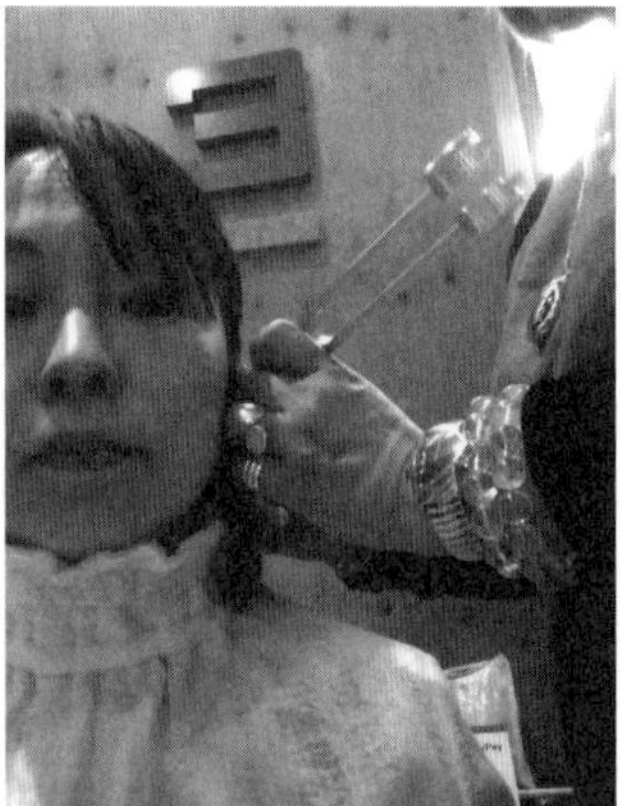

「耳つぼ音叉療法」施術中。リフトアップすると聞いて希望を抱きました。少しの痛みも美容整形などに比べれば……。

先日は、「耳つぼ音叉療法」を受ける機会がありました。地球の周波数に合わせた音叉の先に突起がついており、振動とともに耳を刺激するというもの。疲れている部分や悪い部分はかなり痛いのですが、数年前に受けた痛みからの快感が忘れられず、またトライしてみました。施術者の方に聞くと、美容にも良いとのこと。

「しわ、たるみ、リフトアップに効果ありますよ」

たしかに最初に顔の半分をやってもらったら顔色が半分ピンク色になりました。突起をローズクォーツなどの石に変えることでさらに効果アップ。ローズクォーツは女性性を高める石だそうです（そういえば無意識のうちに女性性を拒否していたのか、家にローズクォーツのアクセサリーはほとんどありません……)。

「やっぱり周波数だよね」「石っていいよね」施術者の方のタメ口まじりのフレンドリーなトークで心がオープンになっていきます。

「音叉を使っている人は、みんな若いかも。あと、音叉の振動を聞いていただけで6キロ痩せた人も。体が正常な状態に戻るんじゃない?」

それを聞いて「いくらですか!?」と即買いしかけましたが、まずスクールに通った方が良いみたいです。振動が体に入っていく感覚は病み付きになりそうでした。

いろいろなスピリチュアル美容がありますが、飽きっぽいと最初の数週間だけ試してあとは忘れてしまう、ということになってしまいそうです。

最もリスペクトしている、ヒマラヤ大聖者のヨグマタ相川圭子さん(ご自身も年齢を超越)が先日、講話でおっしゃっていました。「愛がほとばしれば、すごいきれいになっていく。今にいて、空っぽになることが大切」「与えれば与えるほど、愛が大きくなって人相も良くなる」と。表面的で一時的なスピリチュアル美容を超えて、慈愛で心を満たせば本質的な美しさを得られるのでしょう。来来来世くらいにはその境地に至りたいです……。

スピリチュアル美容系の生態

口癖

「オーラがきれいですね」

光り輝くオーラはパウダーよりも肌のアラを飛ばしてくれます。オーラに自信がある人は薄化粧になっていきます。

仲良くなる方法

コスメキッチンなどの、オーガニックでスピリチュアルなコスメも数多く扱っているショップに一緒に行くと盛り上がれます。

魔女

スピ度レベル3
★★★☆

保険のかわりにハーブやアロマで健康に

「少女は14歳で大人の女になり、大人の女は40歳でメディスンウーマンになります」

以前、セドナのヒーラー、クレッグ・ジュンジュラス氏がおっしゃっていた印象的な言葉です。

そろそろ私もメディスンウーマンになりつつある時期なのかもしれません。

メディスンウーマンとは、自然と調和し、薬草などの知識を持ち、本能的に、直感的に生きている存在。時代や地域によっては、シャーマンや巫女、カリスマ修道女、魔女と称されていたのでしょう。女性の生き方の一つとして指針になります。日本の保険制度が頼りにならないので、ハーブやアロマで健康を保ちたいと思っている女性も（自分を含め）少なくないのではないでしょうか。

スピリチュアル系の女性は魔女というワードに惹かれる人が多いです。過去生で魔女だったと言われて思い当たる人も。不肖私も、沖縄の霊能者に「火あぶりにされた魔女」という過去生を言われたことがあります。いったい過去生がいくつあるんだという話ですが、その霊能者には他にも「ヴェネチアの牛乳売りの家に養子にもらわれ酷使された少年」「東欧の孤児で、孤児院に入るまで盗みを働いていた少年」という不遇な過去生を言い渡されました。火あぶりも相当キツいですが……。そのせいか今も火が苦手です。

魔女の多くは高齢者

魔女にシンパシーを感じたり、憧れを抱いているいっぽうで、恐れの気持ちもあります。『魔女幻想』（度会好一著／中公新書）には、呪いで家畜を殺したり、作物に被害をもたらしたり、子どもを病気にしたり、男性を不能にしたりといった、中世の魔女たちの戦慄の行状が書かれていました。魔女の多くは高齢者の女性で、近所の人に何か頼みごとをしたら断られ、呪いの言葉や悪態をついたら、その近所の家に不幸が起こったので魔女呼ばわり、というパターンが多かったようです。そのようなことは現代にも普通にありそうです。パーティの席で、自分をおざなりにした友人への怒りを露《あらわ》にしている人などを見たことがあり、昔話に出てくる魔女を連想しました。「いばら姫」の物語には、パーティに招待されなかった恨みで「糸紡ぎ機に刺されて死ぬ」と呪いを発動した魔女が出てきます。もしかしたら私も、人のインスタを見て、招待されていないパーティに気付いた時、負の念を抱いて若干魔女と化してしまっていたかもしれません。家族全員難病に苦しむ人が過去生を見てもらったら、お世話になった魔女をパーティに呼ばなかったことが原因だったと言われた、と聞いたことがあります。映画「美女と野獣」を観たときも思いましたが、魔女は丁重に扱わないと大変なことになります。現代もときどき魔女を名乗っている人がいますが、知人が親しかった魔女は何かあるとすぐ呪ったり、不倫相手に奥さんとの子どもができないように黒魔術をかけていたそうです。魔法はポジティブに使ってほしいです。魔女の人が発している波動だったり、その雰囲気でも、ある程度、白魔女なのか黒魔女なのか察せられます。以前お会いした魔女は顔色が灰緑色に見えて、ネガティブなエネルギーを感じさせました。『魔女幻想』によると中世の白魔女は、物知りで薬草の知識と呪術で人を癒し、運勢を占ったりしていたそうです。ただ白魔女も黒魔女も悪魔に力を借りるのは同じで、代償で犠牲になる動物がいたり、災いを他の人に転移させたり、何かの拍子で白が黒に転じることもあるとか。害悪をなさず、犠牲を出さずに善をなす魔女は「善魔女」と呼ばれています。現代の魔女の本を読んでいたら、呼び出す神々の中にさらっと「サターン」と書かれていて、やはり悪魔と関係はあるようです。

海外の魔女、とりわけ南半球の魔女はポジティブで明るいエネルギーに満ちているように感じられます。善魔女と名乗っているルーシー・キャベンディッシュさんの来日セミナーに参加したことがあります。自然体なのに年齢不詳でフレンドリーな美女でした。「白魔術は生命を活性化させます」とおっしゃっていました。魔術入門のガイダンス的なセミナーで、「道具は魔術の一部」とルーシーさん。使うものは、天使を象徴する白い羽根、キャンドル、クリスタル、ワンド（魔法の杖）、コルドロンと呼ばれる神聖な大釜、エネルギーを浄化するのにも使えるほうき、エネルギーコードを断ち切ったりするのに使う三種類のナイフ、特別な魔法の時に身につけるローブ（ガウン）や三角棒など……。さらに魔術によってクリスタルやハーブなどがその都度必要になってきます。魔女になるには初期費用もけっこうかかります。『神聖な自分と出会う魔女入門』（穴口恵子著／きずな出版）には、ワンド（魔法の杖）やクリスタル、アロマやハーブなどが紹介されていました。忘れてはならないのが樹木の枝などでできている魔法の杖で、大地に五芒星《ごぼうせい》を描き、地球の元素を呼び覚ますそうです。五芒星については『実録 わたしの魔女修行』（木丸みさき著／イースト・プレス）にも漫画で詳しく描かれていました。古代から重要なシンボルとして使われていたそうで、地球の元素を表しつつ形状的にも安定しているようです。

メルボルンで魔女グッズを購入

ところで杖やら羽根やらはどこで入手すればいいのでしょう。ネットで買えば早いかもしれませんが、自分の目で確かめて波動などをチェックしたいところです。先日出張で訪れたメルボルンに、ちょうど魔術グッズの店がありました。ロイヤルアーケードの中に佇む「SPELLBOX」という素敵なお店。限られた滞在の間、2回も訪れてしまいました。中世っぽい内装で、キャンドルやクリスタル、ワンド、魔術書やアクセサリーがたくさん並んでいてテンションが上がります。客足が途絶えず、人気のお店のようです。店員の魔女っぽい女性に念のため「善魔女ですよね？」と聞いたら「No bad, No bad, good!」とのことでした。最初行った時は雰囲気にのまれてしまい何も買えませんでしたが、2回目に訪問した時、白い羽根（調べたら白オウムの羽根でした）と、ハーブ、魔法セットなどを購入。店内にはまるで料理の具材セットのように「Love」とか「Wisdom」「Prosperity」「Fairy Magic」といった魅力的なキットが並んでいました。だいたい3000円前後です。その中で「Wisdom」セットを購入。中にはキャンドル、クリスタル（おそらくアメジスト）、クリスタルを入れる袋、アロマオ

購入した魔法グッズ。羽根は特別なアイテムらしく丁寧に包装してくださいました。どうやって使えばいいかわかりませんが、自分の体を浄化したりしています。右上の箱には五芒星。

メルボルンの魔術ショップ「Spell box」
キャンドルやホウキ、ワンド、
クリスタルなど必要な
アイテムが揃っています
購入時、クレジットカード
リーダーがうまく働かず、手間取る魔女
チッ
思わず
舌打ちが
電子機器は魔法ではどうにもなら
ないようです……ギャップ萌えしました

イルなどが入っていました。

帰国して、さっそく魔法に挑戦してみました。説明文は英語で、細かいところは解読できなかったのですが、ろうそくに炎をともし、アロマをたらした天然石を9回、その炎にかざします。その石を小袋に入れて9日間持ち歩くと、Wisdom（知恵）がもたらされるそうです。最後、息を吹きかけてキャンドルの炎を消そうとしたら、息の圧でキャンドルが倒れてしまい危なかったです。火あぶりのトラウマがフラッシュバック。

魔法の手順のとおりクリスタルを持ち歩いていたら、体が不気味な感じでゾワゾワする感覚がありました。魔法が効いているのでしょうか。知恵に関しては、人と会話する時たしかにいつもより知恵というか知識が出てきたような気が。しかも相手にかぶせ気味に「お稲荷さんには神道と仏教の系統があります」とか「東寺展に空海が最澄に送った手紙があって……」などとアピールしてしまい、微妙な空気に。魔法の効果で知識を主張するキャラに……? ビギナーズラックで効きが良かったみたいですが、人格が変わりそうだったのでクリスタルはしばらく封印いたします。

魔女系の生態

口癖

「苦手な人や嫌いな人が、気付いたらいなくなってるの」

過去生が魔女で念力が強い女子が言いがちなセリフ。自分にイヤなことをすると災いが起こる、と暗に牽制しているようでもあります。

仲良くなる方法

正しい書き順（まず上から左下へ）で五芒星を書いてみせれば、この人わかってる、と思わせることができて距離が縮まります。

チャネリング

スピ度レベル4 ★★★★

チャネ力とコミュ力は比例する

高次元の存在とテレパシーで交信するチャネリングに、ずっと憧れています。でも、チャネリング以前に英語力をなんとかしなければ……セミナーの部屋でウィリアム・レーネンさんにご挨拶した時、「Nice to meet you.」しか出てこなかった自分。でも、話がはじまったとたん、スムーズな通訳さんの力もあり、頭にどんどん内容が入ってきました。ちなみに生徒さんの9割は女性。レーネンさんは女性人気が高いです。

「昨日のことは終わったこと。今にフォーカスしてください」。まるで、つい最近仕事でちょっとした問題が発生し悩んでいた私の心をチャネリングしたかのような話からスタートしました。

「スピリチュアルは楽しい。シリアスなものではありません」、そう言いながらレーネンさんは、「あなたの頭の上にバラの花が見えます」

などと挨拶代わりにリーディングしていきます。後半「あなたは宇宙船の中で生きていたことがあります」と言われている男性もいて、羨ましかったです。

高次元存在とコンタクトする前に、オーラを整え、チャネリング態勢になるエクササイズがありました。肩幅に脚を広げて立ち、両方の手を上に挙げ、頭頂部から宇宙エネルギーが入ってくるのを意識します。両手を向かい合わせ、エネルギーのボールを感じます。それから両手を近づけ手の甲が接するようにして、愛や調和を思います。これで宇宙に向かってチャネルを開いてメッセージを受信できるそうです。通信を終了する時は、両手を下ろして脚に付けると閉じることができます。

やってみてエネルギーは感じましたが、四十肩が辛いという思いが邪魔してしまいました。チャネリングするには常日頃、体の柔軟さを心がけないとなりません。

ちなみに人間よりもまず犬や猫とチャネリングをしてみるのもおすすめだそうです。動物のほうが純粋で宇宙とつながっているとか。

「チャネリングする時は、右脳や、右脳と左脳の間のセントラルブレイン（中間脳）を使います。そのため論理的な左脳をシャットダウンする必要があります。左脳を働かせながらもチャネリングはできますが、純粋性は失われます」

守護を「宇宙」に

メモをする行為も左脳を働かせることになるそうで、メモをしながらも異様な眠気がやってくるのは、脳が宇宙につながろうとしているのかもしれません。

「期待したり誰かのことを考えながらチャネリングすると、宇宙の集合意識を制限してしまいます。良い悪いや主観はありません。全ての人のための霊的な情報を宇宙から引っ張ってきましょう」

チャネリングは、主観ではなく宇宙意識で考えることで受け取りやすくなるそうです。もはや主語を「私は」ではなく「宇宙は」にしたほうが良いかもしれません。宇宙は、全ての生物や集合意識のためにメッセージを送ってくれているそうです。

「この中に、もう自分は全て知っている、と思っている人が何名かいます。もっとオープンになってください」

レーネンさんは全てお見通しです。そして、魂のおじいちゃん的な年格好なのに、声は力強くて、レーネンさん自身、常にチャネリング状態で、ハイアーセルフが語っているようです。

「チャネリング能力は毎日使ってみてください。スピリチュアル能力を高めるためには筋肉を鍛えるのと同じ。日々の練習が必要です」

スピ筋というのがどこかにあるのかもしれません。前述の準備エクササイズで、エネルギーのボールを感じる過程がありましたが、「エネルギーのボールを使えば物を動かしたりできますよ。ペンを飛ばしたり、玉を転がしたり……」だそうです。

中二心が高まるスペックですが、レーネンさんによると「上から目線で人に自慢すると能力はなくなります」とのことで、調子に乗らず、自分の平常心をキープすることが大切です。また、ネガティブな思いでチャネリングしてしまうと低いレベルのスピリットが来てしまうので要注意です（◯っくりさん的な……）。

そして、レーネンさんは笑顔が少ない日本人に対し、「みなさん、もっとスマイルしてエネルギーを放ってください。笑うとエネルギーが輝くし動くんです。ニコッとすると顔からエネルギーが作れて、チャネリングもしやすくなりますよ」と貴重なご助言。

「今日終わって帰る前に、見知らぬ人に何か与えてみてください。スマイルでも会釈でもいいです。エネルギーを感じてみてください」というミッションが出されました。ポジティブに、心をオープンすることがチャネリングには重要なようです（ちなみに、私は帰りに成城石井に寄り、「レジ袋はいりません」と言ったのですが、これはミッションをこなしたことになるのでしょうか……）。

「チャネリングできるようになると、人々が惹かれて集まってきます。ふっと口から出す言葉が

全員で両手を挙げ、宇宙エネルギーを体に取り入れます。頭の上にスーッと風が通った感がありました。

チャネリングになっているのです」
とはいえ、人に意見を押し付けない、強制しないことが大切だそうです。レーネンさんは三つから四つの選択肢を提示し、クライアントに選ばせるとか。運命は自分で選べます。

チャネラーになる準備はできています

まとめますと、チャネリングは、頭頂部から宇宙エネルギーを取り入れ、右脳や中間脳を使い、人に親切にすることを心がけ、純粋な意識で調子に乗らず、平常心で行うと、高次元のメッセージを受信できるということでしょうか。こう書くと難しいですが、それはマインドで考えているからかもしれません。
実は私たちは知らず知らずのうちにチャネリングしているように思います。よく言う「虫の知らせ」です。

実際に私も、

・ゾクゾクして寒くなる。何とも言えないイヤな感じ→仕事でトラブルが起きる

・胸のあたりが熱くなる→仕事などで良い知らせが来る

と、主に仕事絡みで念を受信することが。調子が良い時は守護霊のイルカなどの言葉をキャッチすることもできます。自分にはムリだとか、これは妄想だという思いがチャネリングを阻んでいるのです。

セミナーでは実際に受講者さん二人でチャネリングに挑戦する時間がありました。仕事を辞めるか迷っている女性受講者に対し、チャネリングした女性受講者が「辞めたらいいのに」と明快な一言。タメ口というのも心がオープンになっている証拠でしょうか。チャネ力とコミュ力は比例するような……。

「『チャネラーになりたい』『挑戦したい』という言い方ではなく『チャネラーになれる』『チャネラーになる準備はできています』『私はチャネラーです』という言い方をしましょう」。自信にあふれたアファメーション（宣言）が重要のようです。

そしてチャネリングできるようになった暁には、「チャネリングした情報を外の惑星に送ることもできます」「チャネリングしていると風との関係が変わります。風を呼び出して愛や平和を

チャネリングするためには
心地よい服を着てください
ナイロンやポリエステルは
エネルギーを中に閉じこめて
しまいます
高くてもオーガニック素材
を着ましょう
コスメもオーガニック系で……
と、具体的なアドバイスがありました
気付いたらほとんどの服はケミカル素材……
高次元無線通信、無料だと思ったら
意外と初期投資がかかります
レーヨン53%
ポリエステル30%
ナイロン17%

送るツールとして利用できます」と、さらにスキルアップ。風を使役できるなんて、ますます中二心が高まります。

悩んでいる人が高次元に問いかける時は、くどくどと話が長くなり「私はこういう育てられ方をして……」と本題に入らず延々と話す傾向にあるそうです。「あまりに質問が長すぎるとスピリットは去っていきます。情報を与えてくれなくなります」と、レーネンさん。高次元スピリットは意外とドライです。

講座を受けて、私も高次元存在とチャネリングしたい、いやできる、という思いで就寝。すると翌朝、「コムロピアポーポルピア……」と謎の言葉（異星語？）をつぶやきながら目が覚めました。意味がわからないまま数日過ごしていたら、今度は、朝、ドゴッ！　という音とともにベッドが下から突き上げられるラップ音で目覚めました。話しかけても通じない私に業を煮やした高次元存在が立ち去ってしまったのかもしれません……。

チャネリング系の生態

口癖

「チャネってみた」

気になっている人をチャネリングして遠隔からその気持ちを探ろうとする高等テクニック。思い込むことが大切です。

仲良くなる方法

「プレアデスの意識体が……」とか、「エジプトの神々が……」とか高次元からコンタクトがあるとアピールすると、魂レベルが高いと認められます。本当にチャネリングしている場合もありますが、言ったもの勝ちの世界でもあります。

波動

スピ度レベル4
★★★★

波動ジャッジがやめられない

スピリチュアル系の悪い癖かもしれませんが、人や場所などを波動でジャッジしがちです。

例えば渋谷で飲んで寝転がっている若者たちが目に入った時、

「波動低っ」と吐き捨てるようにつぶやいたり、
打ち合わせ場所に歌舞伎町の喫茶店を指定されたら、

「波動がちょっと……」と別の店に変えてもらったり、
有機野菜と玄米を食べて、

「波動が高い……」と自己波動満足に浸ったりしています。

波動とは一体何なのかと申しますと、万物には全て固有の振動数があると言われていて、それぞれの個性や霊格によって、放つバイブレーションの質が変わってきます。高い波動は、ポジティブでピースフル。調和、平和、愛に満たされていたり、瞑想して今この瞬間に意識を向けたり、美しい自然に囲まれたり、高次元とつながることで発せられます。生きながら天国を感じることができます。

低い波動とは、バランスが乱れていたり、ネガティブや自暴自棄になっていたり、怒ったり、欲にかられたりといった負の感情から発せられます。汚い場所、煩悩まみれの繁華街、添加物まみれのジャンクフード、ネット炎上なども低い波動を放っています。

『ポジティブ・エナジーに包まれる生き方［完全ガイド］』（アン・ジョーンズ著／徳間書店）には「高い振動、低い振動についてのガイドライン」が掲載されていて参考になります。振動は波動と言い換えても良いと思います。

例えば、

◎高い振動（ポジティブ）の飲み物

新鮮なミネラルウォーター
リラックスするための一、二杯のワイン
カフェイン抜きのハーブティー
絞りたてのフルーツジュース

◎低い振動（ネガティブ）の飲み物

フッ化物含有度の高い水道水
アルコールの飲み過ぎ
コーヒーや紅茶の飲み過ぎ
糖分の高い炭酸飲料

これを読んで耳が痛いという人も、優越感に浸る人もいそうです。

食べ物では……、

◎高い振動

家庭料理
全粒小麦
はちみつ

◎低い振動

出来合いのものを温める
精白粉
精製糖

だんだん波動に自信がなくなってきました。

環境では、

◎**高い振動**
鮮やかで明るい色を使った装飾品やファブリック
清潔で整理整頓された環境
燦々《さんさん》と降り注ぐ自然光
楽器
(チェスのようなボードゲーム)

◎**低い振動**
黒、あるいは褪せた色味のうす汚れてしみのついたカバーやカーテン

散らかって、汚れ放題
暗く陰気な雰囲気
パソコンの使い過ぎ
コンピュータゲームのやり過ぎ

全て高い波動に保つのは難しいかもしれません。雑然とした家から出て、おしゃれで明るいカフェなどで長時間過ごした方が波動が高まりそうです。

波動についてさらに詳しく記述されているのが、『波動を上げるモノ 下げるモノリスト427』という電子書籍。デヴィッド・R・ホーキンズ博士というこの世界では著名なアメリカの方が、キネシオロジーテスト（筋反射テスト）によって導き出した、世の中の様々な事象の波動レベル一覧です。↑の矢印はポジティブな波動で、↑の数が多くなるほど高波動になります。↓の矢印は、生命力を衰退させるネガティブな波動。数が多くなるほど低い波動になり、近付くのは危険です。

膨大なリストの中から部分的にピックアップしてみます。

◎ポジティブな波動の場所

↑↑↑飛行機

↑↑↑↑クリントン図書館

↑↑↑↑エッフェル塔

↑↑↑↑↑エルミタージュ

↑↑↑↑↑自由の女神

↑↑↑地下鉄（ロンドン）

↑↑↑↑タイタニック（船）

◎ネガティブな波動の場所

↓↓病院

↓↓↓炭坑

↓↓地下鉄（メキシコシティ）

知的な場所や文化的な施設などの波動が高めです。

その他、身の回りのものは……、

◎ポジティブなもの

↑↑バービー人形

↑↑↑ジェミマおばさんのメリケン粉

↑↑↑ベンおじさんの米

↑↑↑↑家族のために作られたクッキー

↑↑セックス

↑↑↑コカコーラ

↑↑↑ペプシ

↑↑Google.com

◎ネガティブなもの

↓↓ピアス

↓↓パパラッチ

↓↓↓一夫多妻

ジェミマおばさんのメリケン粉、ベンおじさんの米など、唐突に固有名詞が入ってきて気になります。コーラは意外と波動が高いです。炭酸の泡が良いのでしょうか……。

音楽は、

◎高い波動

↑↑↑↑↑ボブ・ディラン
↑↑↑↑ザ・ビートルズ
↑↑ヒップホップ
↑↑↑↑↑J・S・バッハ
↑↑↑↑↑ベートーベン
↑↑↑↑↑ショパン
↑↑↑↑↑クラシックバレエ
↑↑↑↑↑ヘンデル
↑↑↑↑↑ハイドン
↑↑↑↑↑モーツァルト
↑↑↑↑↑↑パッヘルベル（カノン）

◎**低い波動**

↓↓↓〜↓↓↓↓↓↓ギャングスターラップ、パンクロック、ヘビーメタル、ゴシック、暴力的な反社会的グループ

やはりクラシック音楽はおおむね波動が高いようです。聞いていれば間違いありません。バロック音楽の崇高な波動は素人にもわかります。パッヘルベルの「カノン」は好きな曲なので、波動が高いとわかって嬉しいです。

映画は、

◎**高い波動**

↑↑↑↑2001年宇宙の旅

↑↑ハリーポッター

↑↑↑↑↑↑ビッグ・ブルー

↑↑スター・ウォーズ

◎**低い波動**

↓↓↓エイリアン

↓↓↓ジョーズ

↓↓マトリックス

「ビッグ・ブルー」の波動の高さには驚きました。宇宙人ものでも恐怖を煽る系はネガティブのようです。スピリチュアル界でもよく喩えに出てくる「マトリックス」が低いのも意外でした。

スポーツは、

◎**高い波動**

↑↑合気道

↑↑↑野球

↑↑↑バスケットボール

↑↑↑エクササイズジム

↑↑山登り

↑↑↑アメフト

↑↑↑オリンピック
↑↑↑↑ゴルフ
↑↑↑テニス

◎低い波動

↓↓↓↓↓闘牛
↓↓ボディビルディングへの執着
↓↓ボクシング
↓↓↓乱闘

乱闘はいかにも波動が低そうです。ゴルフが高いのは自然を満喫できるからでしょうか。

これ以外にも膨大な波動の高低がリスト化されています。参考になりますが、アメリカでの計測なので、日本人として身近な事象の波動が知りたくなってきました。

そんなとき、入手したのが「ＢＡＫＥＴＡＮ霊石（ＲＥＩＳＥＫＩ）」（ソリッドアライアンス）。近づいてきた霊や、場のエネルギーの状態をサーチして、ライトの色で表現。青紫は天使的な波動の高いエネルギーで、赤は不成仏霊や邪気のようです。強い波動を放つものが近付いてきたときは、サーチボタンを押さなくても勝手に光ります。
こちらを持ち歩いて、様々な場所で波動を測ってみました。

◎かなり高い波動（青紫の光）
奄美大島の神が宿る山の近く
恵比寿の駅近くにある謎の蔵
家の中などで突然発光（守護霊？）
名古屋の東山動物園前

◎わりと高い波動（ブルーの光）
「パリの木の十字架少年合唱団」のコンサート会場
羽田空港
飛行機の中
大学の教室
「ムンク展」の「叫び」の前
Y新聞社内

◎普通の波動（緑の光）

小田急線車内

高速道路走行中

渋谷道玄坂

墓地

◎やや低めの波動（黄緑の光）

マンションのゴミ捨て場

サンシャインシティ内の薄暗い休憩所

◎危険な波動（赤い光）

パーティ会場で苛立っている知人が近付いてきたとき

六本木ヒルズの某オフィス

霊が出ることで有名な出版社の日本家屋内

「BAKETAN霊石(REISEKI)」。スピリチュアル系出版社・ヒカルランドのサロンでヒマラヤ水晶の近くで測ったらブルーの高い波動が出ました。

おもちゃ的なアイテム「霊石」ですが、思った以上にちゃんと計測できているような気がします。例えば、いわくありげなハウススタジオでは最初、

最近の趣味は波動チェック
新宿のタピオカティーの店にて・・・
お父さん
マジ
キモい
と悪口を
言う女子の
近くで霊石で測定したら
波動はノーマル
でした。
言う程嫌いでは
ないみたいです

黄色いLEDが光っていたのが、ヒマラヤ大聖者のヨグマタ相川圭子先生がスタジオ入りされたら、ブルーの光に変化したり。ときどき何も押していないのに勝手に赤や青に光ることもあります。赤の場合、ストーカーが念を送っているのかもしれないと怯えています。

同じアイテムを持っている出版社の編集者さんが、私からの原稿メールを開いたら赤く点灯した、という話はショックでした。また、某神社で波動を測っていたら、神様が失礼な行為だと怒ったのか、境内の木から落ちてきた木の実が頭部にヒット。さらにその後、道に迷ったりしたので、バチが当たったのかもしれませ

ん……。
それこそ「波動で物事をジャッジする行為」の波動を測ったら、低い波動と出てしまいそうな予感です。それでもやめられない波動サーチ。いつか低波動も受け入れられる慈愛を持てるようになりたいです。波動の高さを極めたら、低い波動には影響されない体になるのでしょうか。波動の高低に翻弄されている自分はまだまだです……。

波動系の生態

口癖

「新宿や池袋は波動的にムリ」

人がたくさんいて欲望が渦巻いている繁華街は波動高めの人にとっては苦手なスポット。本当に波動が高くなれば邪気もはね返せそうですが……。

仲良くなる方法

波動に敏感になると、波動が低い人とは目を合わせたりできなくなってきます。普通に目が合って自然にポジティブな会話ができたら、波動が合っているということかもしれません。

誘導瞑想

スピ度レベル4 ★★★★

古代にプチトリップでリフレッシュ

スピリチュアル系セミナーでよく登場するのが、「誘導瞑想《ゆうどうめいそう》」です。誘導瞑想とは、その名の通り誰かの誘導で瞑想を行うことで、これまでも数々の誘導瞑想で、過去生の自分の臨終に立ち会ったり、インナーチャイルドを慰めたり、宇宙人と会ってアドバイスをもらったり、自分のインナーチャイルドに会ったり、浮かばれない霊を救出したり、プチトリップ体験いたしました。半ば空想が混じっているかもしれませんが……なかなか旅行に行けないので、誘導瞑想は手軽に異世界を感じられるリフレッシュの手段でもあります。

先日伺ったのは、セドナのヒーラー、クレッグ・ジュンジュラスさんのセミナー「古代の叡智」です。これまでにも度々クレッグさんのセッションを受けさせていただいていますが、説得力のある霊厳としたルックスと、「形而上学教師・著述家・ヒーラー」という素敵な肩書き、音楽や文学など様々な才能を持っているところに惹かれます。

セミナー参加者は約20名、9割が女性で、何度も参加しているスピリチュアル上級者といった雰囲気。

「隠された叡智を知れる時代が来ています。瞑想によってアトランティス、レムリア、エジプトにアクセスすることができます」とクレッグさんがおっしゃった単語にテンションが上がります。この業界では、誰もがアトランティスやレムリア、エジプトとつながりを持ちたい願望があるように思います。アトランティスは物質的でレムリアは精神的なので、レムリアの方が人気です。

「古代の叡智にアクセスするには3つの方法があります」とクレッグさん。

「1つは他の人が書いた本やインターネットなどの文章を読んで情報を得るやり方。マインドをオープンにして読んで、興味が引かれるところに印を付けます。魂の奥の、古代の叡智の部分が反応します」

私などは古代への憧れが強すぎて、古代文明の本を読んだり骨董を鑑賞するたび、エジプトからマヤ、縄文にメヘルガルなどほぼ全てに反応してしまうのですが……。クレッグさんは、他の人の古代の本を読む時に、その人自身の思い込みやブロックを感じることがあると、それを迂回して読む、という高度な読書法をされているそうです。

「2つ目はセルフヒプノシス。瞑想で体外離脱します。私たちは自分自身の見方を成長させないとなりません。地球の上にもエネルギーの膜がかかっているのでベールを超えて眺めます」

いきなりレベルが高いです……。ちょうど同じビルの会議室の隣や下の部屋では、超難関中学、桜蔭中学の公開模試が行われていました。奇しくもスピリチュアルと受験勉強の高偏差値セミナーが隣り合っています。そして時々マイクが混線するのか「あっ！」「うっ！」と大音量の叫びがスピーカーから聞こえてきて、最初クレッグさんのハイアーセルフが叫んでいるのかと勘違いをしていました。失礼しました。クレッグさんはマイクに向かって「シャラップ！」と叫んでいました。古代の叡智の話に戻ります。

「3つ目は予言を読むことです。隠されていた古代の文書が発見されると、そこには予言的な内容などが書かれています。でも、考古学はみなさんを真実から遠ざけています。人間がパワーを持つと古い歴史を消して書き換えようとします」

地球はレコードキーパー

クレッグさんが興味を持っているのは、1700年ほど前にヒマラヤのグルによって書かれた予言だそうで、アメリカにまだ発見されていない予言が埋まっている説があるとか。

他に古代の叡智とつながる方法としては、クリスタルを身につける、というものがあるようです。

「瞑想中は観察者になります。そこには執着がありません」と、クレッグさん。「オープンマインドになるとスペースができ古代の叡智が流れ込んできます」など、多くの深遠な言葉をくださいました。

「地球はレコードキーパー。とくに水晶はそうです。身につけると地球の核や太陽とつながります。クリスタルがこれまで浴びてきたスピリチュアルなエネルギーが注がれます。クリスタルは古代の叡智の目撃者です」

クレッグさんは、ハーキマークリスタルのペンダントとピアスをつけていました。私もパワーストーンが好きでつい買いすぎてしまうのですが、これからは古代の叡智につながるためと自分に言い訳できそうです。

セミナー後半に、いよいよ誘導瞑想で古代にトリップする時間がありました。クレッグさんの誘導と、それを瞬時に的確に訳す通訳さんの声で、目を閉じ、雲の中の世界をイメージします。

「雲の上に神殿があるので、階段を登って中に入ってください。扉の前に門番がいるので、ひとこと言って開けてもらいましょう。中には司書がいるので何の本を読んだら良いのか聞いてください」

空想を手がかりにして、まぶたの裏のビジョンを見つめます。門番に「私は自分自身です」と伝えると、中に入れてもらえました。美人司書に、おすすめの本について聞いたら、隣にユニコーンが出現しました。白い体で、紫っぽいたてがみが見えます。ユニコーンといえばレムリアの動物というのを聞いたことがあるので、レムリアについての本をリクエスト。すると、美しい自然の緑が見えて、川の水がキラキラ輝いています。川は生きている、とその時直感しました。レムリアの円形の建物がちょっと見えたところで、現実に戻ってきました。

サンキュー Google

あとで報告タイムになり、ユニコーンが見えたことを報告すると、「ある一定の高い次元になるとユニコーンが現れます。そこまで人が意識を高めていくとふわふわとした感覚になります。視野が開けていきます。地球のエーテル体の次元に入っていくと自然のスピリットとコミュニケーションできます」とクレッグさんはおっしゃいました。

一瞬でも高い次元に行けたのなら良かったです。しかしその後休憩時間に、知らない参加者の女性と古代の神々や宇宙人の話題になって、「鞍馬山に降り立ったのはアヌンナキ（地球人を遺伝子操作で作ったと言われる宇宙人）ですよね？」とその女性に言われたので、「いえ、金星から鞍馬に降り立ったのはサナート・クマラですよ」と、つい知識をひけらかすスピマウント行為をしてしまいました。私もまだまだだと反省。

他の参加者の方々も、誘導瞑想でピラミッドを作るビジョンを見たり、古代の僧侶の過去生が見えたり、ネイティブアメリカンが出てきたりしたそうです。さすが意識が高いです。

2回目の誘導瞑想では、ナスカの地上絵のようなビジョンが見えましたが、睡魔に襲われがちでした。まだ自分に準備ができていないのでしょうか……。

「種を受け取ったら頭で理解しようとせず自分の中に取り込んでください。種に水をやるように

自分の中に水をやってください」とクレッグさん。

「みなさんは次のレベルに上がる人としてここに連れてこられたんです」という言葉に志気が上がります。たぶん隣の部屋では、シンクロ的に塾講師が「みなさんは偏差値的に合格するレベルにあります！」と鼓舞していることでしょう。

最後に、クレッグさんは「サンキュー Google。みなさんはどんな叡智にもアクセスできます。Google に聞けば良いのです。そして Amazon をクリックすれば古代の叡智の本が届きます」と、現代のテクノロジーに丸投げしていて、会場は笑いに包まれました。

約5時間のセミナーを終え、誘導瞑想で一瞬寝てすっきりして部屋を出ると、受験生の模試が終わるのを待つ父母の方々が、シリアスな表情で待機していました。堅気の人生から随分遠ざかってしまった感が……。ユニコーンが見えたとか言っている場合ではなかったのかもしれません。でも、偏差値より波動を選んだのだから、と自分に言い聞かせ、初冬の渋谷の街をひとり歩いて帰りました。

誘導瞑想系の生態

口癖

「インナーチャイルドを抱きしめたら癒されました」

誘導瞑想の最初のステップは、自分のインナーチャイルドを癒す、というパターンが多いです。淋しがっているインナーチャイルドを抱きしめ、愛することで、現実も好転します。

仲良くなる方法

「私も同じバラの花が出てきました」など、同じものが見えたとアピール。誘導瞑想中、ビジョンが部屋内で伝達するのか、同じものを見る人も結構います。それがきっかけで仲良くなれそうです。

ライトワーカー

スピ度レベル4 ★★★★

〝波動高い系〟の人々

スピリチュアル系ブログを見ていると時々「ライトワーカーとして……」という言葉がでてます。何のことか最初はわからなかったのですが、天変地異が発生すると「ライトワーカーのみなさん、被災地に光を送りましょう！」といった文面を目にするので、世の中を救う方々なのだと認識。勝手に自称している人もいそうですが、ライトワーカーについて調べると「光の仕事をする人」と出てきます。地球人を救うために、他の惑星から生まれてきた〝波動高い系〟の人々らしいです。とても自分がそうだなんておこがましくて思えないですが、憧れる肩書きです。

そんなありがたいライトワーカーのお方と、先日お会いすることができました。友人が日本に招聘した、アメリカの有名なヒーラーでセラピーティーチャーのアダマさん。「魂の外科医」と呼ばれ、今の地球人の肉体に2001年6月21日にウォーク・イン（魂が入れ替わったそうです）。

地球を光へと移行させるサポートを行うため、宇宙から遣わされた魂です。「浄化としての愛の炎」を用いて、人々を光の道に導いています。ぜひ光に導いていただきたいです。

イルカが肉体に入ってくる時に似ています

最初は一対一でセッションを拝受。アダマさんはネイティブアメリカンのような神秘的な雰囲気で精悍な男性。友人に通訳してもらいながら、まずはお話を伺います。「ウォーク・インってどんな感じですか？」と伺うと「地球に来た時、変な感じがしました。イルカが肉体に入ってくる時に似ています」と、アダマさん。それは違和感すごそうです。「どの星から来たんですか？」と聞くと、アダマさんは「この銀河ではない別のところです」と詳細は答えず、ミステリアスにほほえみました。アダマさんは、小説家や映画監督、漫画家がアイディアをダウンロードするような宇宙のある場所とつながっているそうです。「『ロード・オブ・ザ・リング』の監督もそこからダウンロードしました」。それは羨ましい、可能ならつながりたいです。人によってアクセスしやすい宇宙は違うそうですが……。「ちなみに地球は次元上昇しているんでしょうか？」と聞くと、笑顔で「はい」と即答したアダマさん。「ハイアーエネルギーと光が降りています。人間の肉体も進化しようとしています。地球も進化しようとしています。多くの人が隠された使命に気付いています。高次の目的のために目覚めているところです」。そう伺うと、不肖私も地球のために何かできることを……と思いたくなります。「セッションでは古くて暗いエネルギーを出して、新しいエネルギーを入れます。傷ついたことや痛みを持っている人を癒やします。（クライアントは）人間でいることが辛い人が多いです」とおっしゃるアダマさんに「私も人間でいることが辛いです……」と中二っぽい思いを吐露してしまいました。「I can help that.」とアダマさん。

セッションは思いのほか刺激的で、スピリチュアル的に一線を超えてしまった感が。目を閉じて横たわったら、チャクラのあたりに手を置かれ、「シュー」とか「ヒュー」という音が発せられました。さらにハートのチャクラにタオルごしですが口をつけられて、「トーニング」という浄化法で音を入れていただきました。「デュ〜〜〜〜」という音が体に入ってゆき、まぶたにピンク色の光が見えました。「デュ〜〜〜〜」というアダマさんの発するヴァイブレーションと湿度と温かみが体にしみわたり、白い光、羽根、蓮の花、ヒエログリフなどが見えました。魂が軽くなって肉体から出て行きたいような……。

宇宙的でポジティブなほほえみを浮かべるアダマさん。ハコミセラピーティーチャーで、空手は黒帯だそうです。

終わった後、アダマさんに「洞窟に興味はありますか?」と聞かれ、「何度か行ったことはありますが……」と申すと「どこかの惑星の洞窟にいる存在とつながっていますね。優しくてシャイで愛すべき存在で壁画を描いたりしています」と教えてもらいました。たしかに明るすぎる部屋とかは苦手です。でも小説家や映画監督がアクセスできるクリエイティブな宇宙とはつながっていないみたいで、洞窟の存在には悪いですがちょっとテンション下がりました。

「ダークなエネルギーは憑いていましたか?」「No. No. 最後に光のシャワーを流したので大丈夫です」。歯医者の最後にフッ素を流す的な……。ありがとうございます。さらにクラウンポータルとハートのポータルを開いてくださったそうで、チャクラプレイを堪能しました。

数日後、今度はアダマさんのイブニングセミナーに伺いました。参加者はスピリチュアル意識が高そうな40代以上の女性が多いです。

ライトワーカーは全然足りていない

挨拶の時、電気がチカチカして「誰かがエネルギーで遊んでいますね」とアダマさん。つかみうまいです。「何でも聞いてください」と質問コーナーで始まったセミナー。

「神聖幾何学を体に取り込むには?」「一人一人が違う神聖幾何学を持っているんですか?」といきなり高次な質問が出て、素人には難しかったので、ライトワーカーについての質問をさせていただきました。

挙手して「ライトワーカーはどのくらいいるんですか?」と聞くと「ここにいるということは、あなたもライトワーカーですよ」と、聞きたかったことを言ってもらえて高揚。「ライトワーカーの人数は全然足りていないのが現実です」とアダマさん。

「ライトワーカーは光を呼び寄せ、自分と統合していきます。私もそうですが、常にいろいろなものを浄化してより多くの光が入るよう、準備するのが仕事です。みなさんにできることは、聖なるハイアーセルフのエッセンスを自分に取り入れ、チャネリングして地球にギフトとして与えていくことです」

と、アダマさん。

「ライトワーカーとは何ですか?」とおそるおそる質問した女性に対し、アダマさんは「Good question.」とほほえみます。「ライトワーカーとは光や高次元のエネルギー、愛を取り入れ、地球にアンカリングして人々とシェアする人です。それぞれ違う才能を持っていて、世の中のために使っています。大学教授もいるし技術者もいます。私は膨大な知識を広めるタイプではないですが、エネルギーを受け取って他の人に与えるのが得意です」

アダマさんの魂は別の宇宙に生きていたのが、途中で地球人の体にウォーク・インしたという珍しいライトワーカーです。

「ウォーク・インってどんな感じですか？」と会場からの質問に、アダマさんは2001年にウォーク・インする前の魂を呼び戻して実演してくださいました。サービス精神旺盛です。目を閉じて、ふーっと息を吐き「All right……」と話し出すと、さっきまでのソフトでジェントルな話し方とは違って、ダースベイダーのような深く響く声に変わっていて驚きました。

「年を取った体にウォーク・インするのは難しい。中古車に乗る感じです」とわかりやすい説明が。ちなみに前に肉体に入っていた魂は「地球での生活はもういいっていう感じで去って行った」そうです。それなら私も日常で辛いことがあった時「もういい」と誰かと交代してもらいたいですが……。ある次元に達した人でないとできない芸当です。

アダマさんは、さらに、「前いた魂が去っていった時の状態」まで再現してくれました。感極まった表情で「家族や友人がなつかしい」と言いながら「もう時間がないので行かなければ……」と去って行きました。見える人には魂が出たり入ったりしているのがわかるのでしょうか。貴重なものを見せていただきました。

最後、来場者のエネルギーを高めるワークがありました。静かに座り、背筋に光が降りてくるのをイメージします。アダマさんが、手を上げ下げしながら「ドゥ〜〜ウィ〜〜ドゥ〜〜ウィ〜〜ドゥ〜〜ウィ〜〜」とトーニングし、参加者の周りを回られます。

「皆さんそれぞれ本当に素晴らしい存在です」と、ホメて伸ばそうとしてくださるアダマさんの最後の言葉に、ライトワーカー初心者としての自覚が高まりました。

ただ、しばらくして道でおじいさんが倒れたのを見かけた時、他に周りに何人も助けようとしている人がいるからいいかな、と急いで通り過ぎてしまったことがあり、すでにライトワーカー失格かもしれません。ライトワーカーは遠くから光を送ればいい、とラクしようとするのではなく、実際に物理的な体を使わなければと反省。たぶんあの時おじいさんの周りにいた人が本当のライトワーカーです。

ライトワーカー系の生態

口癖

「光の柱を立てましょう」

ライトワーカーの使命の一つが、光の柱を立てることだそうです。イメージして、光が必要な場所に降ろすことでライトワーカーとして輝けます。

仲良くなる方法

「地球、生きづらいですよね」と共感しあう。ライトワーカーは地球人を癒やすため他の惑星からわざわざ来ている人たちなので、地球の波動にはなじめなかったりするようです。

宇宙人

スピ度レベル4 ★★★★

地球には百種類の宇宙人がいます

ときどき、宇宙人を自称する人に遭遇します。「実は僕、人間という設定で地球に来ていません」などと突然真顔で言われると、どうリアクションしていいか困ります。でも、心の奥では羨ましさを感じているのを否定できません。

「実は銀河連合の一員なんです」「宇宙連合に入っています」といった話もたまに聞きます。地球のアセンション（次元上昇）を助けるため、高次元の階層や他の星から来た魂たちのことらしいです（その真逆の存在が関東連合なのかもしれません……）。そのへんの協会のように推薦者2名いれば入れるというようなものではなく、銀河連合の一員という知人男性に「どうやったら入れるんでしょう？　推薦状とか……」と聞いたら「生まれる前から決まっています」とのことで、魂の格で選ばれた人しかメンバーになれないようです。「もう一員なんじゃないですか？」と社交辞令を言ってくれる人もいましたが……。

地球のアセンションを見守っている数多くの宇宙人たち。そして地球に生まれた私たちも、過去生は宇宙人というケースがあるようです。過去生宇宙人、というのも、宇宙連合の一員と同じくスピリチュアル的な特権意識をくすぐります。地球は宇宙の中ではかなり波動の低い星らしいので、地球土着の魂だと自分を認めたくない気持ちもあります。

有名なチャネラーのリサ・ロイヤル著『プリズム・オブ・リラ』（キース・プリーストとの共著／ネオデルフィ）には、宇宙人の種類が紹介されています。

・琴座の領域の宇宙人

昆虫に似た顔に長い手足を持つ。人間型生命体の祖先。

・ベガ星人

琴座の恒星。支配欲が強く利己的な種族。

・シリウス星人

多様な意識形態が存在。エジプトに神として現れたり、イルカやクジラとして存在したり……。

・オリオン星人

ポジティブ思考とネガティブ思考にわかれる。オリオン出身の魂は葛藤のドラマに巻き込まれがち。

・プレアデス星人

平和を愛する種族だけれど、心が安定しすぎて次第に虚無的に……。やりがいを求めてオリオン座の紛争の解決をサポート。

・アルクトゥルス星人

地球人類にとって理想的な進化をとげている種族。癒しの存在として地球に天使の姿で現れることも。

・ゼータ・レチクル星人

クローン技術によって存続しているけれど、進化は停滞。地球人の遺伝子を求めて、アブダクション（人間を誘拐）する。グレイと呼ばれている種族。

この本には載っていませんでしたが、これ以外も金星人、クラリオン星人、アンドロメダ星人、ウンモ星人、アルタイル星人、ニビル星人、リゲル星人、ケンタウルス座β星人など数多の種類が存在しているとされています。できればメジャーな星の出身だったら嬉しいです（私たちの太陽は宇宙の中ではメジャーなのでしょうか?:）。

気付けば「宇宙」で検索

ところで○○星人と聞いて、恒星には住めるの？　と突っ込みたくなるかもしれません。私も以前は疑念を抱いていたのですが、くわしい人に聞くと、太陽系の地球、のように、例えばシリウス星人という場合は、シリウス本体ではなくシリウス系の惑星に住んでいる、ということらしいです。または「光の存在」として恒星に住んでいるパターンもあるとか。そうですか……と言うしかありません。あと、オリオン星人とかいってまとめていますが、三つ星は実際に横並びではないし、距離感があるのでは？　という疑問もあったのですが、もしかしたら進化した宇宙人は地球人のように物理的な距離感には囚われていないのかもしれません。

現実逃避の欲求もあり、宇宙人の話に惹かれて、宇宙人関連本ばかり買ったり、気付くと「宇宙」で検索してしまうのですが、先日、同じく宇宙好きの人々と集まる機会がありました。場所は六本木ヒルズクラブ。宇宙に近い51階のラウンジで、窓の外に宇宙船が現れないか期待しつつ、宇宙トークをしました。

集いの中心となっていたのはグレゴリー・サリバン氏。ＪＣＥＴＩ（日本地球外知的生命体センター）を設立し、宇宙人とのコンタクトを積極的に行っていて、著書を出したり、映画製作や音楽活動を行ったり、セミナーを開いたり、幅広く活動してます。ニューヨーク出身で日本語ペラペラの好青年的な方。

「非科学的な分野を未来の科学に浸透させ、スターピープルの話題が常識になるようにサポートしていきたいです」と流暢に語っていました。宇宙人と頻繁にコンタクトできるというのも憧れます。そこで、

「以前、風邪で寝込んでいた時に部屋の中にドローンが急に出現したんです。金属っぽかったのですが見ていたら非物質化して消えていきました」

と、数年前の私の体験を報告。見解を伺うと、

「宇宙船が部屋に入ってくるという目撃談もよくあります。ETオーブという言い方がありますが、自分の意識を映画『アバター』のように投影して動かせるんです」とのこと。

「見ていて怖い感じがしなければ大丈夫です」と、グレゴリーさん。

ネガティブな宇宙人はどんなものがいるのか伺うと、

「グレイは誤ったタイムラインに乗った未来の人類と言われています。遺伝子を求めて地球人をアブダクションしたり、レベル

グレゴリー・サリバン氏。活動情報はこちらにあります。「日本地球外知的生命体センター」https://www.jceti.org

が低いＥＴたちです」

「爬虫類人（レプティリアン）の陰謀論とか結構好きなんですけど……」

すると、「話題にしただけで場の波動が下がるから」とあまり話したくない様子。

「レプティリアンはアヌンナキの紹介で地球に入ってきました。シュメール文明の前くらいでしょうか。地球の歴史に干渉しています。友好的なレプティリアンもいますが……」

イルミナティなどの闇の権力はグレイやレプティリアンなどネガティブなＥＴの下っ端と化しているそうです。宇宙人に恐怖を感じさせる映画やテレビ番組なども彼らのコントロールによって作られているとか。私があまりにもそっちの話題に食い気味なので「レベルの低い宇宙人にフォーカスしない方がいいですよ」と忠告されました。

アンドロメダ出身は独立心旺盛

グレゴリーさんによると、地球に来ている宇宙人の種類は１００種類、ヒューマノイド型が８割だそうです。そんな話をしているうち、他の方々も集いに参加して、それぞれ過去生は何宇宙人だったか鑑定してもらっていました。例えばＰＲ会社社長のＫさんはシリウス系、猫型宇宙人の種族だったそうです。準ミスユニバースの美女はアンドロメダ。アンドロメダ出身は美形が多くて独立心旺盛だそうです。私もアンドロメダが良かったのですが、「アルクトゥルスの波動が強いですね」と言われました。

「精神世界と科学が発達しています」とのことで光栄です。今はずいぶん堕ちた地球人になってしまいましたが……。

20歳くらいに見える美少女が実は300歳のプレアデス星人だったりします
宇宙人とコンタクトしている方が皆さんおっしゃるのが、宇宙人は老けないし健康だということ
ヨボ…
たしかにほうれい線のあるグレイとか想像つきません
地球の酸素が老化を早めてるという説も……宇宙人があまり地球に来たがらない理由はここにあるのでしょうか

それぞれの宇宙人目撃談で盛り上がり、新宿の繁華街上空で悪い波動を送っているUFOを見たとか、グレゴリーさんがアダムス山の頂上あたりで突然宇宙人のゲート的な扉が開いたのを目撃したといった話を聞きながら、つい窓の外が気になります。これだけ宇宙人好きの人が集まっているからUFOが来てもおかしくない、という期待感。

「今、飛行機だと思ったものがおかしな飛び方をして消えました」

「雲があやしい光り方をしています」

などと報告する度、「宇宙船は飛行機

ォや星のフリをすることもあります」「雲形ＵＦＯ、クラウドシップかもしれませんね」と、フォローしてくださるグレゴリーさんに宇宙的な包容力を感じました。宇宙人トークでハイになったのか、ヒルズクラブの摩天楼での集いは夜遅くまで盛り上がり、だんだんヒルズの円形のフロア自体がＵＦＯのように錯覚されました。地球人だってそもそも宇宙人の一種なのです……。

宇宙人系の生態

口癖

「私の居場所はここじゃない気がする……」

宇宙人好きや過去生が宇宙人だと信じている人は、地球の俗世にどうしてもなじめなかったり、疎外感や孤独感を覚えがちだそうです。

仲良くなる方法

超メジャーな「スター・ウォーズ」の話から入って、「あれって実際のオリオン大戦とか宇宙の歴史を再現しているらしいよ」と、自然な流れで宇宙人トークできます。

アセンション

スピ度レベル4 ★★★★

3次元から5次元へ！

スピリチュアル系の友人何人かで食事会をして「アセンションプリーズ！」とか言ってふざけていたのはもう8年ほど前。アセンションはいったいどうなったのでしょう？

10年ほど前からスピリチュアル業界で広まった「アセンション」は「次元上昇」という意味で、地球や人類がより高い次元（3次元から5次元など）に移行するということを表しています。マヤ暦とも関連づけられ、2012年頃にアセンションが起こるという説がありました。スマホやPCのOSのアップグレードみたいなものでしょうか。気付いたら高次元人間になっていた、というのが理想です。

アセンションの話題が盛り上がっていた2009年のスピリチュアル雑誌を見ると「アセンション・カウントダウン」という大特集で、サイキックやヒーラーの方々が提言されていました。

「アセンションとはサナギから蝶になること」と語っているのは作家のエハン・デラヴィさん。太陽風の影響や、個々の「気付き」によってアセンションが進むそうです。ダマヌールというコミュニティのフェニーチェ・フェルチェさんは「2012年は、太陽系の惑星が一直線に並ぶため、銀河の中心から流れてきているエネルギーが遮断されてしまう懸念」を語っていました。太陽の黒点の活発化などもあって地球の地軸が変わって逆回転し出す恐れもあるそうです。アカシックレコード・リーダーのゲリー・ボーネルさんは「今からおよそ4500年から5000年後に、私たちの意識は地球を離れ、この次元の領域から完全にアセンションするでしょう」とおっしゃっていて、アセンションが完了するのははるか先みたいです。チャネラーのリチャード・ラビンさんも、アセンションは特別なイベントが起こるのではなく、「長い長い年月をかけて起き続けている過程です」と語っていました。時期を指定しない方が懸命かもしれません。マヤ暦が終わるから滅亡する、という恐れを煽るような説もあり、当時翻弄されたものです。アセンションは少しずつ起こっているのかもしれません。ただ、イベントの刺激に慣れている現代人としては、2012年○月○日に空に大量のUFOが出現するとか、壮大なパフォーマンスを期待してしまいます。

もう、人類の選別は始まっている

日本人の占い師の先生に、アセンションについてどう思うか伺ったら、「当時、大御所系の人で、アセンションで天変地異が起こるとか脅しをかける人が何人かいました。アセンションという言葉で、物を販売したり高額なセミナーを行ったり、ぼったくりをする人を何人も見てきたので、商売用のネタというイメージが強いですね。ただ、どんな状況になっても、自分に自信を持てたら恐れるものは何もないですよ」とおっしゃいました。たしかに、2012年以前、滅亡すると煽っていた人々が、その後何ごともなかったようにスルーしているのを見て、一抹の不信感がありました。ただ、マヤ暦はズレていたという説もあったりして、心のどこかではアセンションを信じたいという思いがあります。何かしら変化を待ち望んでいる期待感とでも言いましょうか……。その裏には今の人生への不満があるのかもしれません。

オカルトや精神世界に詳しい知人の女性にアセンションについて聞くと「もう、人類の選別は始まっているそうですよ」とのことでした。スピリチュアル的なアセンションというより、地球の中で、優れた人が秘密裏に選ばれて、地球環境が末期的になった時に火星に移住できるそうです。それはむしろ選ばれたくないかもしれません……。火星に行ったら死ぬ予感しかしないです。

ちょっと前に、プラーナ（光のエネルギー）だけ吸収して何も食べていない「不食」を提唱するジャスムヒーンさんのワークショップを受けました。広いホールは満席で、意識の高い参加者が集まっていました。愛の周波数にチューニングすればエネルギーが受け取れるとおっしゃるジャスムヒーンさんはアンチエイジングな美しさで説得力があります。

そのワークショップで久しぶりにアセンションという言葉が出てきました。

「我々の地球は今、二重三重にアセンションを迎えています。トリプルアセンションは今まで起こったことはありません。新しいDNAと光のボディを得て多くの人はアップグレードに向かいます。呼吸とともに完全に今にいることができ、ハートが感謝のエネルギーに満たされれば、人々の移行はスムーズです」

「2012年、大きな変化が起きてマヤのカレンダーが終わりました。2016年には世界中のライトワーカーが変化に取り組み、2017年は黄金の時代にアクティベートしました。2018年は100万人のスターチルドレンが目覚めました。人類の進化の中で最もエキサイティングな時に来ています。アップグレードは寝ている間に受け取れるように祈ることもできます。ガイアからの周波数を受け取ることでライトボディとDNAがアップグレード。しずかにじっとしてダウンロードしましょう。まさにコンピュータのアップグレードです」

なんと、スマホやPCと同じく夜間にWi-Fiをつないで自動アップグレードする感覚で、アセンションできているみたいです。コンピュータは霊的な世界のひな形のように感じていましたが、宇宙にもクラウドがあるのかもしれません。

「今まで何千もの惑星のアセンションを助けてきました」とおっしゃるジャスムヒーンさん、

同時代にいてくれてたのもしいです。

アセンションというより（汗）

その後ワークショップで、「ハートからハートに愛の周波数を伝える」という実践のため、知らない人同士胸と胸をくっつけて1分くらい抱き合うという、コミュ力が低い私には試練のミッションが！　最初知らないおじさんと抱き合うことになりそうだったので、場所をずらして知らないおばさんと抱き合いました。そのおばさんは若い男性と抱き合おうとしてしていて不本意そうでしたが……。（するとそのおじさんは次の日、離れた席に座って目をそらし気味にして気まずい感じに……）。

とにかく、アセンションのための一つの通過儀礼はなんとかこなせました。アセンションというより（汗）でした。

そして先日は、自著のイベントでイルカの高次元スピリットとチャネリングできるドルフィニスト綾子さんとお話しして、イルカくん（イルカのスピリット）の意見を聞くことができました。「地球に飽きてきたというのは良いサイン。繰り返しの日々じゃない別の選択から離れて本当の自分になろう」「大きな変化を迎えたら飛躍のチャンスだよ」「何かを捨てたら新しいものをつかめる」などとポジティブなことを語っていました。

アセンションオーラを放つ「不食」の美女、
ジャスムヒーンさんのワークショップにて
言葉ではなく
愛の周波数を
伝達しましょう
ハートでハートをタッチします
とのことで、近くの席の人と密着して
抱き合うというハードルの高いミッションが!
えっ知らないおじさんと
密着?それはムリかも
……
そして頼んで
別の女性とハグ
させていただきました
つい自分の生理的な感覚でジャッジしてしまい
ましたが…アセンションするには誰とでも抱き
合えないとダメだったかもしれません(心を無にして)

ずっとこの地球に縛られる必要はなく、もうイヤだと思ったら、転生の時に別の星に行けるそうです。アセンションは自分の好きなタイミングでできるのかもしれません。アップグレードのボタンをクリックするように……。

『ライトボディの目覚め 第三版』(大天使アリエルなど共著/ナチュラルスピリット)には、人間がライトボディ(光の身体)に進化し、アセンションしていく過程が詳しく書かれています。身体的な変異症状は「頭痛」(頭蓋拡張や眉間の圧迫感などを含む)、「インフルエンザ様の症状」(密度が抜け落ちていく時に見られる症状)、「気持ちが悪い、嘔吐」(恐怖を解き放つため)、「下痢」(激怒のエネルギーを排出)、「筋肉痛と関節痛」(抵抗感が蓄積している人)、「熱と汗」(肉体の波動を上げるため)、「疲労」(肉体的な解毒)、「胸骨の中心が痛む」(ハートチャクラが新しいレベルに開いていく)、さらに「背中の下方の痛み、腰痛」「腕や手がぴりぴりしたり、しびれる」「食生活の変化」「視界がぼやける」など……。どれも心当たりがあります。加齢や免疫力の衰えなどが原因かと思っていたら、アセンションなのかもしれません。体調不良や具合の悪さは心身の進化だと思うと少し希望が持てます。

そして先日、ヒカルランド(スピ系出版社の施設)にて、タイムウェーバーというドイツの波動やエネルギーを分析できる機械で調べてもらったら、「ほぼアセンションしている」という結果が出ました。ここ最近の体の不調が報われたようです。上から目線になって波動を下げないように気を付けます……。

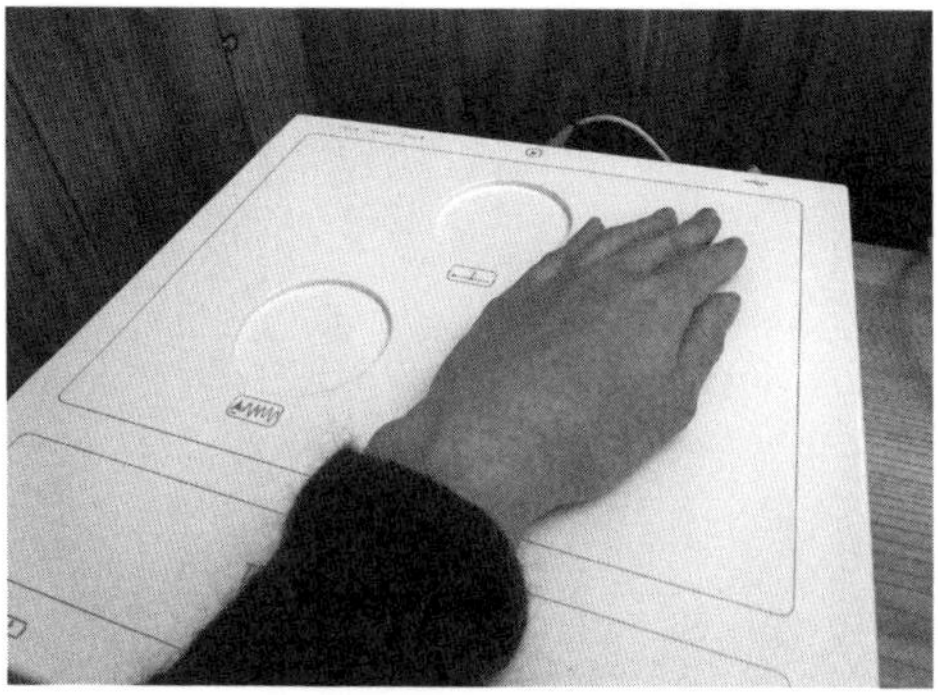

顔写真と手から発せられるエネルギーで、トラウマからオーラから何でもわかるドイツのマシーン「タイムウェーバー」。

アセンション系の生態

口癖

「二元性を超えたノンデュアリティが大切です」

アセンションすると、善悪とか美醜とか二元化された価値観を超えて、ワンネスな感覚になれるそうです。波動高い系の人々は最近ノンデュアリティというワードを使っています。

仲良くなる方法

肌の色の透明感が増してきた人に対し、「もうアセンションしてるんじゃない？」とホメると喜んでもらえます。

スピリチュアルからの卒業

アメリカでスピリチュアル界を牽引していた存在である、ドリーン・バーチューがキリスト教に目覚め、これまでやってきたことはほとんど否定するという行動に出て、業界に激震が走りました。2017年にイエス・キリストと遭遇したそうです。「ドリーン・バーチュー、スピリチュアルやめたってよ」ともいうべき事態で、私も彼女の本は何冊か持っていて、オラクルカード(カードを引いて高次元からのメッセージを受け取るアイテム)にいたっては、大天使オラクルカードやユニコーンオラクルカード、マーメイド&ドルフィンオラクルカードやアセンデッドマスターオラクルカードなど、5、6個所有していたのでショックでした。今後、順次オラクルカードの販売も停止していくとか……(市場に出回らなくなるので、もしかしたらプレミア価格がついたりするかもしれません)。エンジェルセラピープラクティショナーという資格も発行していましたが、世界中の受講生はどうなってしまうのでしょう……。

著作によると彼女の経歴は「生まれながらの透視能力者であり、第4世代のメタフィジシャン（形而上学者）であり、3つの大学でカウンセリング心理学の学位をとっています」「頻繁にテレビやラジオに出演し、〝エンジェル・レディ〟として知られています」とのこと。ドリーンといえばエンジェルとの交流がまず思いうかびますが、インディゴチルドレン、レインボーチルドレン、アースエンジェルなど、使命を持って生まれてきた人種についても著作などで触れていて、生きづらい人々の心の救いになっていました。何より彼女の本を読むと、アトランティスやレムリアの過去生、女神やイケメン天使などがでてきて、ファンタジックで浮き世離れした世界に生きているようで、ここまで現実逃避を極めれば成功できる、という一つの希望になっていたのです。本人もフワフワフワして幸せに生きているイメージでした。

その彼女が、過去の創作を含めてスピリチュアルを否定するとは……。キリストへの愛に目覚めるのは素晴らしいことなので、ひっそり転向してほしかったですが、自分を信じる人々への責任感の強さゆえ、警告を発せずにはいられなかったのでしょう。

ドリーン・バーチューはホームページに「避けるべきニューエイジプラクティスA-Zリストとその理由」を大発表。その内容がまたセンセーショナルでした。

避けるべきものは「宇宙人」「エンジェルカード」「アセンデッドマスター」「占星術」「チャクラ」「チャネリング」「奇跡のコース」「妖精」「風水」「クリスタル」「占いや予言」「サイキックリーディング」「スピリットガイド」「スウェットロッジ」「フラワーオブライフ」「ハリーポッタ

ー」「ユニコーン」「ヨガ」「過去生」「タロットカード」「セージ」「オラクルカード」「数秘術」「シャーマニズム」など、ほぼ全方位でスピリチュアルを否定。リストを見るだけで涙目になってきます。

その理由はというと、例えば「ユニコーン」は「ネオンカラーのユニコーンの画像は悪魔たちが彼らの王国に私たちを誘うために使用されます」「悪魔が私たちの前に見せるきらめく誘惑に注意してください」、「サイキックリーディング」は「情報源は悪魔です」、「チャネリング」は「悪魔はイエスや天使だと偽るかもしれません」、「スピリットガイド（守護霊）」については、「悪魔がなりすましていることがあります」、「風水」は「魔術の一種で神から禁じられています」、「妖精」は「変装した悪魔、もしくは妄想です」、「エイリアン」は「宇宙人のふりをした悪魔」、「エンジェルカード」については「悪魔は自分自身をエンジェルに変装させ、驚くほど正確な予言であなたを夢中にさせます」といった感じで、とにかくスピリチュアルは悪魔のしわざ、と決めつけています。ご自身のライフワークだったエンジェルカードの天使たちも、実体は悪魔だったとは……（逆に悪魔カード、として売り出したら売れる気もしますが）。

こうしてスピリチュアル界から去っていって信仰の道に進んだドリーン。動画を見ると以前の華やかさはなくなって、地味な宗教系マダムといった雰囲気です。ご本人が幸せなら良いですが、スピリチュアルを頼りにしている人々はどうしたら良いのでしょう。また、ドリーンは、スピリチュアルなアイテムを処分すべきかどうかは「聖霊」に聞いてみてください、と書いていて、キリスト教の三位一体の聖霊のことだと思われますが、結局頼る対象が天使から聖霊に変わったような気がしてなりません。スピリチュアルから良い形で卒業するのは難しいです。新たな依存先を見つけるのではなく、自分自身の内側に神を見出し、自立できるのが理想です。

そしてドリーンの転向は現在の分断され二極化しているアメリカを体現しているようにも見えます（アメリカの日食が大陸を横断し、分断していたのも象徴的でした）。保守とリベラルという分断もありますが、さらに善と悪、神と悪魔という二元性もあります。とくに悪魔に関しては、セレブの悪魔崇拝のニュースなどもあり、神と悪魔の見えない戦いが起こっているようです。しかし最近、スピリチュアル界では非二元の「ノンデュアリティ」（この世界は全て一つ的な、対立を超えた思想）が支持を集めていて、ドリーンの「神 vs 悪魔」みたいな構図は古いのかもしれません。一時代を築いた彼女も、過去のスピリチュアリティに属していたということでしょうか。

日本は二元性という枠には囚われず、もともと八百万の神を受け入れる土壌があるので、ドリーンのスピリチュアル悪魔論にも惑わされず、これからも好きなことに目を向けて良いのでは、とも思います。いつかは自分の内なる魂と出会い、スピリチュアルから卒業することになるかもしれませんが、浮き世の心の支えとして、しばらくまだスピリチュアル界に遊びたいです。

装丁・本文デザイン　横須賀 拓
装画　辛酸なめ子

辛酸なめ子（しんさん・なめこ）

1974年東京都生まれ、埼玉県育ち。漫画家、コラムニスト。武蔵野美術大学短期大学部デザイン科グラフィックデザイン専攻卒業。大学在学中から執筆・創作活動をスタート。人間関係、恋愛からアイドル観察、皇室、海外セレブまで幅広く執筆。

主な著書に『女子校育ち』（ちくまプリマー新書）、『女子の国はいつも内戦』（河出文庫）、『大人のコミュニケーション術』（光文社新書）、『霊道紀行』（角川文庫）、『ヌルラン』（太田出版）、『タピオカミルクティーで死にかけた土曜日の午後』（PHP研究所）などがある。

スピリチュアル系のトリセツ

2020年1月22日　初版第１刷発行

著　者　辛酸なめ子

発行者　下中美都

発行所　株式会社平凡社
〒101-0051　東京都千代田区神田神保町3-29
電話　03-3230-6584（編集）
　　　03-3230-6573（営業）
振替　00180-0-29639
平凡社ホームページ　https://www.heibonsha.co.jp/

編　集　佐藤暁子（平凡社）

印刷・製本　図書印刷株式会社

NDC分類番号 147
ISBN978-4-582-83825-1 C0011
四六判（18.8cm）　総ページ224
落丁・乱丁本のお取り替えは
小社読者サービス係までお送りください（送料は小社で負担します）。